Carl-Auer

»Was wir tatsächlich mit Information meinen –
die elementare Informationseinheit –, ist ein Unterschied,
der einen Unterschied ausmacht.«
Gregory Bateson

»Vielmehr ist es der Unterschied selber, der für den Therapeuten und Klienten ein wichtiges Instrument ist. Das liegt nicht nur daran, dass es ›Unterschiede gibt, die einen Unterschied machen‹. An und für sich sind Unterschiede bloß Unterschiede. Sehr häufig funktionieren Unterschiede nicht spontan. Wenn sie nicht erkannt werden, können sie keinen Unterschied machen, doch wenn sie erkannt werden, kann man sie für sich arbeiten lassen, sodass sie einen Unterschied machen. Unterschiede, die zählen, Unterschiede, die dem Klienten wichtig sind, sind die Auswirkungen oder Zeichen eines Unterschieds, den man für sich hat arbeiten lassen.«
Steve de Shazer

»Wir fragen in systemischen Strukturaufstellungen nicht,
wie die Repräsentanten sich fühlen, sondern danach,
welche Unterschiede sie empfinden, nachdem sie oder
weitere Repräsentanten aufgestellt
bzw. umgestellt wurden.«
Matthias Varga von Kibéd und Insa Sparrer

Heiko Kleve

Aufgestellte Unterschiede

Systemische Aufstellung und Tetralemma in der Sozialen Arbeit

2011

Umschlaggestaltung: Uwe Göbel
Umschlagfoto: © brinker_m – Fotolia.com
Satz u. Grafik: Drißner-Design u. DTP, Meßstetten
Printed in Germany
Druck und Bindung: Freiburger Graphische Betriebe, www.fgb.de

Erste Auflage, 2011
ISBN 978-3-89670-787-1

Bibliografische Information der Deutschen Nationalbibliothek:
Die Deutsche Nationalbibliothek verzeichnet diese Publikation
in der Deutschen Nationalbibliografie; detaillierte bibliografische
Daten sind im Internet über http://dnb.d-nb.de abrufbar.

Carl-Auer Verlag GmbH
Vangerowstraße 14
69115 Heidelberg
Tel. 0 62 21-64 38 0
Fax 0 62 21-64 38 22
info@carl-auer.de

Inhalt

Einleitung

Unterschiede sind für die Soziale Arbeit zentral. Soziale Arbeit läuft an bei der Beobachtung von Unterschieden zwischen dem, wie das Leben sein sollte oder sein könnte, und dem, wie es sich derzeit darstellt, etwa als schwierig oder problematisch. Sobald Sozialarbeiterinnen und Sozialarbeiter mit ihrer professionellen Tätigkeit beginnen, stehen Unterschiede wieder im Zentrum. Dann geht es darum, sozialarbeiterisches Handeln selbst als markanten Unterschied zu inszenieren, der hinsichtlich der als problematisch bewerteten Verhältnisse oder Verhaltensweisen Unterschiede bewirken kann, die wiederum Verhältnis- oder Verhaltensveränderungen, also nochmals Unterschiede, herausfordern. In diesem Buch stehen solche und andere Unterschiede im Zentrum der Aufmerksamkeit.

Besonders interessant erscheint in diesem Zusammenhang die Frage, wie sozialarbeiterisches Agieren so konzipiert werden kann, dass es in der Wahrnehmung seiner Adressaten tatsächlich konstruktive, kreative und nachhaltige Veränderungen in Gang setzende Unterschiede herausfordert. Tom Andersen (1990), ein norwegischer Sozialpsychologe, hat auf diese Frage eine interessante Antwort parat: Wir können drei Arten von Interventionen differenzieren:

- erstens: die angemessen gewöhnlichen
- zweitens: die unangemessen ungewöhnlichen und
- drittens: die angemessen ungewöhnlichen.

So schreibt Andersen, dass Menschen, »wenn [sie] dem Gewohnten ausgesetzt sind, […] meistens dieselben (bleiben)« (ebd., S. 34). Angemessen und gewöhnlich zu wirken wäre demnach nicht veränderungsinduzierend.

> »Wenn sie aber etwas Un-Gewöhnlichem begegnen, könnte dieses Ungewöhnliche eine Veränderung auslösen. Wenn nun das Neue, auf das sie treffen, sehr (zu) ungewöhnlich ist, verschließen sie sich, um davon nicht inspiriert zu werden« (ebd.).

Das Ungewöhnliche darf in den Augen der Adressaten also nicht als unangemessen wirken. Daher sollten wir als professionelle Helferinnen und Helfer »anstreben, den Menschen etwas Ungewöhnliches, aber nicht zu Un-Gewöhnliches anzubieten« (ebd.). Wir müssten von den Klientinnen und Klienten zugleich als angemessen *und* als ungewöhnlich gesehen werden können.

In der Hoffnung, dass die in diesem Buch präsentierten Kapitel in den Augen ihrer Leserinnen und Leser angemessen, aber – vielleicht nicht durchweg, aber hoffentlich immer mal wieder – auch ungewöhnlich sein mögen, habe ich Themen zusammengestellt, die mich in den letzten Jahren intensiv beschäftigt haben. Immer wieder wird dabei eine in mancherlei Hinsicht ungewöhnliche, aber bei entsprechender Nutzung sehr angemessene Methode im Mittelpunkt stehen: die *systemische Aufstellung*. Aufstellungen werden in verschiedenen theoretischen und praktischen Kontexten als kraftvolle Impulsgeber betrachtet. Diese These wird an unterschiedlichen Beispielen diskutiert.

Zunächst werden im Teil 1 »Systemtheoretische Präzisierungen« vorgenommen. Dabei steht im *ersten Kapitel* die Thematik des Unterschieds, der Differenz, im Mittelpunkt. Aus metatheoretischer Perspektive werden Wege präsentiert, die Soziale Arbeit in ihrer Tätigkeit als Arbeit an und mit Differenzen geht bzw. gehen kann. Welche Unterschiede es in Theorie und Praxis macht, wenn wir mit der soziologischen Systemtheorie den Menschen nicht mehr als den Mittelpunkt des Sozialen betrachten, sondern als dessen Umwelt, wird im *zweiten Kapitel* veranschaulicht. Im *dritten Kapitel* geht es um zwei Präzisierungen und um die Unterschiede, die diese Präzisierungen für Theorie und Praxis bieten: Zum einen wird das zentrale Thema der Sozialen Arbeit, das Problem, selbst als eine systemische Struktur veranschaulicht; zum anderen wird damit zugleich die systemische Perspektive konkretisiert.

Im *Teil 2* stehen die systemischen Aufstellungen und die durch sie ausgelösten Unterschiede im Denken und Handeln im Mittelpunkt. Im *vierten Kapitel* wird zunächst ein Kontext betreten, in welchem Aufstellungen zuerst erprobt wurden: der Kontext familiärer Bindungen. Dabei wird die systemtheoretische mit der bindungstheoretischen Perspektive verschränkt, aber zugleich auch von ihr abgegrenzt. Welche theoretischen Innovationen und praktischen Erkenntnisgewinne systemische Aufstellungen für die Soziale Arbeit bieten und welche zahlreichen Unterschiede damit einhergehen, wird im *fünften Kapitel* präsentiert. Im *sechsten* und *siebenten Kapitel* werden insbesondere systemische Aufstellungen von Personen als anregende Bereicherung für das Methodenspektrum der Sozialen Arbeit allgemein (6. Kapitel) und speziell hinsichtlich des Case-Managements (7. Kapitel) vorgeschlagen. Abschließend wird im *achten Kapitel* eine eher nüchterne Erklärung hinsichtlich der Frage angeboten, warum systemische Aufstellungen überhaupt nachhaltig wirken können. Diese Erklärung macht sicherlich einen Unterschied angesichts der vielen esoterischen Begründungsversuche bezüglich der Wirkungsweise der systemischen Aufstellungsarbeit.

Im *Teil 3* wird ein spezielles und recht komplexes Verfahren aus der systemischen Strukturaufstellungsarbeit vertieft: das Tetralemma. Gerade für die Soziale Arbeit mit ihren vielen ambivalenten und widersprüchlichen Prozessen und Situationen ist dieses Verfahren hervorragend geeignet. Im *neunten Kapitel* wird zunächst genau diese These begründet: dass Soziale Arbeit eine Profession und Disziplin der Differenz und Ambivalenz ist und daher Konzepte benötigt, die geeignet sind, mit Differenzen und Ambivalenzen umzugehen. Im *zehnten Kapitel* erfolgt eine erste Anwendung des Tetralemmas, und zwar bezüglich der Gestaltung von Implementierung neuer Konzepte in die Praxis. Eine zweite Anwendung des Tetralemmas bietet das *elfte Kapitel*: Dort wird das Modell dafür verwendet, die leidige Frage der sozialarbeiterischen Identität einer neuen, vielleicht überraschenden, auf jeden Fall befreienden Antwort zuzuführen.

Somit endet das Buch mit einem Unterschied, der hinsichtlich der professionellen Selbstbestimmung der Sozialen Arbeit als Profession und Disziplin einen (gewaltigen) Unterschied machen soll: Es wird gezeigt, wie das auch praktisch-methodisch realisierbar ist, was ich an anderen Orten (insbesondere Kleve 2000, 2007d) bereits theoretisch entwickelt habe: *dass die Soziale Arbeit als eine Profession und Disziplin ohne bzw. (was auf das Gleiche hinausläuft) mit unermesslich vielen Eigenschaften betrachtet werden kann.*

Teil 1: Systemtheoretische Präzisierungen

1 Soziale Arbeit – Arbeit an und mit Differenzen – oder: Von Wegen im Umgang mit dem Verschiedenen

In diesem Kapitel wird dargestellt, in welchen Weisen Soziale Arbeit mit Unterschieden, also mit Differenzen, konfrontiert ist. Die Kategorie des Unterschieds bzw. der Differenz wird als zentraler Maßstab der sozialarbeiterischen Beobachtungs- und Handlungspraxis präsentiert. Heraus kommt dabei eine Aufstellung der *vier* unterschiedlichen Wege im Umgang mit Differenzen, die Sozialarbeiterinnen und Sozialarbeiter bei der Gestaltung ihrer Praxis gehen bzw. gehen können – *erstens:* Differenzbeobachtung, *zweitens:* Differenzminimierung, *drittens:* Differenzakzeptanz und *viertens:* Differenzmaximierung.

Ausgangspunkte

Differenz ist in den Geistes- und Sozialwissenschaften keineswegs ausschließlich ein Modethema der Postmoderne (vgl. Casale 2001), vielmehr kann davon gesprochen werden, dass es zu einem zentralen Thema philosophischer, kulturwissenschaftlicher, soziologischer oder psychologischer Diskurse aufgestiegen ist. *Warum ist dies so?*

Als Sozialwissenschaftler fällt einem freilich sofort das Verhältnis von Sozialstruktur und sozialer Semantik ins Auge. Wenn die Sozialstruktur der modernen Gesellschaft durch eine fortschreitende Differenzbildung zwischen sozialen Gruppen, Klassen, Systemen, Lebenswelten oder Milieus gekennzeichnet ist, wie uns dies die Soziologen seit dem Bestehen ihrer Disziplin lehren, dann sollte es nicht erstaunen, dass auch nach der Bedeutung und, damit einhergehend, nach dem Umgang mit diesen Differenzen gefragt wird, dass diese Differenzen reflektiert werden.

Die innergesellschaftliche Differenzbildung wird besonders dann zum Problem, wenn sie als Gefahr bewertet wird, nämlich als Gefahr, die den Fortbestand der Gesellschaft infrage stellt. Denn soziale Differenzen gelten gemeinhin nur so lange als aushaltbar, solange sie nicht die Identität der Gesellschaft zerstören, solange sie in die gesellschaftliche Einheit noch integrierbar sind. Und genau dies wird seit geraumer Zeit bezweifelt (vgl. exemplarisch Heitmeyer 1997).

Infrage steht in diesem Zusammenhang aber auch das soziologische Integrationsparadigma selbst (vgl. Wagner 1993, 1999; Luhmann 1997b; Junge 2000). Nach diesem Paradigma verträgt Gesellschaftlichkeit nur ein bestimmtes Maß an Differenz, an Differenzierung, an Differenzbildung, soll der »soziale Kitt« erhalten bleiben. Angesichts dieser Anschauung muss die durch Globalisierungs- und Individualisierungsprozesse weiter sich steigernde gesellschaftliche Differenzierung fast zwangsläufig zu Angst und zu Ablehnung beispielsweise der offensichtlichen Repräsentanten dieser Differenzbildung führen. Und diese Repräsentanten scheinen häufig vor allem Migranten zu sein, ausländische Mitbürger, die uns mit der Relativität unserer Normen, unserer Kultur konfrontieren, die uns schließlich implizit auffordern, die Differenz in ihrer Verschiedenartigkeit, das Andere in seiner Andersartigkeit anzuerkennen.

Die Migranten sind allerdings nur die augenscheinlichsten, die sichtbarsten Repräsentanten der Differenz, sie sind nur die Spitze des Eisbergs. Untergründig ist Differenzerfahrung alltäglich in unseren Lebenswelten. Pluralität und Vielfalt von Weltbildern, Normen, Sichtweisen, Erfahrungen, Erwartungen, Lebensstilen etc. haben sich in unserer Gesellschaft als Normalität bereits manifestiert. Wir sind täglich damit beschäftigt, in und mit dieser Vielfalt zu leben. Was wir dafür allerdings brauchen – vor allem auch, um die Differenzangst zu überwinden –, scheint eine neue, eine *postmoderne Gemüts- und Geisteshaltung* (Lyotard) zu sein, für die Differenz nicht mehr als Aufforderung zur Aneignung, zur Assimilation, zur Integration steht. Wir brauchen eine Differenzreflexion, die sich vom Negativbild der Differenz befreit, die Differenz als Motor, als Generator und nicht als Zerstörer von Gesellschaftlichkeit betrachtet.

Die Gefahr für die Gesellschaft liegt meiner Ansicht nach nicht in der Differenzierung, in der Differenzbildung, sondern in der alteuropäischen Differenzreflexion, die Differenz dem Identischen unterordnet, die die Auflösung, Flexibilisierung der Identität, der Einheit als Gefahr brandmarkt. Genau diese Differenzreflexion erzeugt Angst vor dem Verschiedenen, Angst vor der Agonie der gesteigerten gesellschaftlichen, jede Einheit sprengenden sozialen Differenziertheit. Die Angst könnte sich jedoch lösen, wenn wir unsere Betrachtung drehen, wenn wir unsere Bewertungen bezüglich der Differenz grundsätzlich ändern, wenn wir uns öffnen für ein Reframing, eine Umdeutung oder Umwertung.

Heutzutage sollte sich die Reflexion der Differenz – insbesondere im Hinblick auf die Überwindung der alteuropäischen Differenzreflexion – aus den relativ abgeschlossenen Diskursen der Philosophie befreien und in die Lebenswelten und Systeme der Gesellschaft eindringen. Denn in der Philosophie wird diesbezüglich bereits seit Jahrzehnten an der Überwindung Alteuropas gearbeitet (siehe als Übersicht und Einführung Kimmerle 2000). So schreibt zum Beispiel Gilles Deleuze (1968, S. 11): »Denn nur in dem Maße, wie man die Differenz dem Identischen unterordnet, impliziert sie das Negative [...].« Oder Theodor W. Adorno (1966, S. 17) meint:

> »Das Differenzierte erscheint so lange divergent, dissonant, negativ, wie das Bewusstsein [...] auf Einheit drängen muss: solange es, was nicht mit ihm identisch ist, an seinem Totalitätsanspruch misst.«

»Utopie wäre« demnach: »ein Miteinander des Verschiedenen« (ebd., S. 153).

Im Folgenden wird der Diskurs über Differenz, genauer: der Diskurs über den Umgang mit Differenz in den Bereich der Sozialen Arbeit hineingetragen (siehe zu einem ähnlichen Vorhaben Maurer 2001) mit dem Ziel, einen ersten Problemaufriss zu unternehmen, der sozialarbeiterische Weisen durchleuchtet, für die die Arbeit an der Differenz zentral ist.

Differenzbeobachtung

Der Begriff »Differenz« ist identisch mit dem Begriff »Unterschied«. Die notwendige Bedingung dafür, dass Sozialarbeit anläuft, so kann im Sinne des klassischen Normalisierungsparadigmas Sozialer Arbeit formuliert werden, ist die Beobachtung eines Unterschieds, und zwar eines Unterschieds zwischen dem, wie das Leben sein *soll*, und dem, wie das Leben tatsächlich *ist*.

Denn die Sozialarbeit unterstützt Menschen, die unter erschwerten individuellen und sozialen Bedingungen leben, dabei, ihr Leben zu bewältigen, ja ein »gelingendes Leben« (Mühlum 1996, S. 32) zu realisieren. Somit ist die Differenz zwischen einer Norm für ein gelingenderes Leben, kurz: einer *Lebensnorm* und einer von dieser Norm abweichenden *Lebensrealität* konstitutiv für die Sozialarbeit. Sozialarbeit läuft erst an bei der Beobachtung dieser Differenz.

Freilich wird diese Differenz von Lebensnorm und davon abweichender Lebensrealität mit dem postmodernen Erodieren von gesamtgesellschaftlich verbindlichen Normvorstellungen immer fragwürdiger. Ich komme darauf zurück. Festhalten will ich an dieser Stelle aber bereits, dass das Erodieren der Differenz von Norm/Abweichung bereits dazu geführt hat, theoretisch danach zu suchen, ob der Start der Sozialarbeit nicht auch mit anderen Inhalten der Differenzbeobachtung markiert werden kann, zum Beispiel ausgehend von den Unterscheidungen Hilfe/Nichthilfe (vgl. Baecker 1994), Fall/Nichtfall (Fuchs u. Schneider 1995) oder bedürftig/nichtbedürftig (Weber u. Hillebrandt 1999).

Dennoch wollen wir jetzt dabei bleiben, Sozialarbeit als eine normengeladene, eine normative Praxis zu bewerten. Sie geht in der Regel – zumindest implizit – von einer Idee, einer Norm für ein gelingendes Leben aus. Diese Norm wird benutzt als Maßstab, an dem das tatsächliche Leben, die Lebensrealität, gemessen wird, mit dessen Hilfe die Lebensrealität als normabweichend bewertet wird. Daher muss die Sozialarbeit also, um aktiv werden zu können, zwischen dieser Norm und der Lebensrealität eine Differenz beobachten. Um diese Differenz zu beobachten und sich auf sie zu beziehen, bedient sie sich rechtlicher Vorgaben, politischer Diskurse, der Kommunikation in den Massenmedien, ja der gesellschaftlichen Kommunikation allgemein. Sie greift Themen dieser Kommunikation auf, die als problematisch bewertet werden, oder bewertet sie selbst als problematisch und stellt dann Lösungen für diese Probleme in Aussicht. Die Problemlösungen versprechen, die Differenz zwischen der faktischen Lebensrealität und der Lebensnorm zu minimieren. In dieser Hinsicht ist es zunächst plausibel, Soziale Arbeit als Strategie der Differenzminimierung zu verstehen.

Differenzminimierung

Was die Sozialarbeit bezüglich der Differenz Lebensnorm/Lebensrealität (Norm/Abweichung) zunächst anbietet, ist deren Minimierung. Diese auf Differenzminimierung orientierte Strategie lässt sich allerdings noch genauer differenzieren. Denn die Sozialarbeit hat drei Möglichkeiten, die Differenz von Norm und Abweichung, von Lebensnorm und Lebensrealität zu bearbeiten; sie kann versuchen:

- erstens: die Lebensrealität an die Lebensnorm anzugleichen
- zweitens: die Lebensnorm an die Lebensrealität anzugleichen
- drittens: die Lebensnorm und die Lebensrealität wechselseitig anzugleichen.

Angleichung der Lebensrealität an die Lebensnorm

Die erste Strategie der Differenzminimierung lässt sich als Angleichung der von der Norm abweichenden Lebensrealität an diese Lebensnorm bezeichnen. In dieser Hinsicht versucht die Sozialarbeit, die Realität der Klienten so zu verändern, dass sie ein Leben leben können, das der Norm, das der Idee eines gelingenden Lebens entspricht. Die Norm wird also nicht verändert, sie dient vielmehr als Regulativ dafür, das Leben (normativ) zu transformieren. Hilfsbedürftigkeit wird dabei als Normabweichung bewertet, und das Ziel der Sozialarbeit ist die Wiederherstellung der Norm, genauer: die Wiederherstellung einer gesellschaftlichen Norm (vgl. Baecker 1994, S. 93 f.). Dieses Vorgehen birgt zwei Möglichkeiten in sich, die als *unproblematisch* (a) und als *problematisch* (b) bezeichnet werden können.

a) Es kann für die Klienten natürlich ausgesprochen hilfreich sein, wenn die normabweichende Lebensrealität an eine Lebensnorm angeglichen wird. Die Klienten werden dabei unterstützt, das, was gesellschaftlich als ein gelingendes Leben gilt und was sie selbst auch erreichen wollen, zu erreichen bzw. diesem Ideal wenigstens etwas näher zu kommen; ihnen werden beispielsweise finanzielle, pädagogische, medizinische oder kulturelle Chancen erschlossen, ihnen wird die Teilnahme an Systemen der Gesellschaft ermöglicht, von denen sie bisher ausgeschlossen waren. In dieser Hinsicht scheint die Strategie der Differenzminimierung unproblematisch, ja sogar erstrebenswert zu sein.
b) Problematisch wird es, wenn die Norm, an die die Lebensrealität der Klienten angeglichen werden soll, deren Werten und Idealen widerspricht und sie sich *nicht* an diese Norm anpassen wollen (z. B. bestimmte subkulturelle Gruppen) oder dies auch gar nicht können (z. B. behinderte, körperlich und psychisch kranke Menschen). Diese Form der Differenzminimierung wurde beispielsweise im Zuge der Studentenbewegung der

> späten 1960er- und 1970er-Jahre kritisiert. Der Sozialarbeit wurde diesbezüglich vorgeworfen, dass sie Wächterin einer gesellschaftlichen Norm sei, nämlich der Norm der Herrschenden, der Mächtigen, und dass sie die Menschen, auf die sie sich mit ihrer Hilfe beziehe, stigmatisiere, also als abweichend, als unnormal abstemple. Sozialarbeit kontrolliere im Sinne der staatlichen und ökonomischen Macht abweichendes Verhalten, abweichende Lebensformen, sie übe Devianzkontrolle aus, um den gesellschaftlichen Status quo aufrechtzuerhalten, sie sei, wie man auch sagte, strukturell affirmativ, also systemerhaltend. Deshalb wurde Sozialarbeit als Normierungs- und als Ordnungsmacht bewertet (vgl. Brunkhorst 1989, S. 205). Sozialarbeiter seien demnach genauso wie Psychiater, Richter, Psychologen oder Erzieher »Normalisierungsrichter« (Foucault, zit. nach ebd.), die für das Reich des Normativen arbeiten. Sozialarbeit kolonialisiere die Lebenswelten, sie breite »ein Netz von Klientenverhältnissen über die privaten Lebensbereiche« aus (Habermas 1981, S. 534) und setze mit Macht und Geld normierte Lebensweisen durch.

Ausgehend von dieser Kritik, könnten wir sagen, dass die sozialarbeiterische Differenzminimierung – zumindest aus der Perspektive der Klienten, aber auch aus ethischer Sicht einer emanzipatorischen Sozialarbeit – zum Problem wird, wenn sie eine vermeintliche gesellschaftliche Norm im Auge hat, mit deren Hilfe sie versucht, die Lebensrealität ihrer Klienten anzupassen, zu normalisieren.

Angleichung der Lebensnorm an die Lebensrealität

Die zweite Strategie der Differenzminimierung kann als Angleichung der Lebensnorm an die faktische Lebensrealität beschrieben werden. In diesem Falle wäre es das Ziel der Sozialarbeit, die Norm von einem gelingenden Leben so zu verändern, dass sie mit der Lebensrealität der Klienten übereinstimmt bzw. dieser Realität nicht grundsätzlich widerspricht, sodass das Leben der Klienten selbst, ihre Lebensrealität, nicht verändert werden muss, will man die Differenz zwischen Norm und Abweichung minimieren. Eine so verfahrende Sozialarbeit wäre bemüht, die Vorstellungen davon und die Ideen dazu, was als Norm und was als Abweichung gilt, selbst infrage zu stellen. Beispielsweise könnte es ihr darum gehen, die gesellschaftliche Toleranz zu erhöhen, etwa für behinderte Menschen, für Menschen mit fremden ethnischen oder kulturellen Wurzeln, für Menschen aus bestimmten Subkulturen etc.; sie hätte das Ziel, Lebensweisen, die noch als normabweichend gelten, durch eine Veränderung der gesellschaftlichen Norm selbst zu normalisieren. Eine solche Sozialarbeit müsste sich auf gesellschaftliche Kommunikationsprozesse, auf rechtliche Gesetzesauslegungen, auf die Politik, auf die Massenmedien oder auf die Religion beziehen. Denn innerhalb dieser Bereiche werden Normen diskutiert, zementiert, verändert und gesellschaftlich bis in die Lebenswelten der Menschen hinein durchgesetzt, wobei sie von dort aus möglicherweise wieder infrage gestellt zu werden.

Wechselseitige Angleichung von Lebensnorm und Lebensrealität
Die dritte Strategie der Differenzminimierung kann als wechselseitige Angleichung von Lebensnorm und Lebensrealität beschrieben werden. Hier geht es darum, sowohl die Lebensnorm als auch die Lebensrealität zu verändern, nämlich so, dass sich beide Bereiche, also sowohl die Norm als auch das Leben, aufeinander zubewegen, sodass es zu einer Differenzminimierung kommt. Diese Strategie setzt sozusagen doppelt an: einerseits bei der Lebensrealität der Klienten selbst und andererseits bei den gesellschaftlichen Prozessen der Normbildung. Es werden beide bereits genannten Strategien parallel vollzogen. Der Soziologe Claus Offe (zit. nach Hollstein-Brinkmann 1993, S. 189 f.) meint vermutlich diese doppelt ansetzende differenzminimierende Strategie, wenn er, bezogen auf die Sozialarbeit, fordert: »Immer muss zugleich der ›Fall‹ normalisiert und die Norm individualisiert werden.«

Zusammenfassend lässt sich sagen: Alle drei genannten Strategien, so unterschiedlich sie auch sein mögen, lassen sich als Strategien der Differenzminimierung ansehen. Der Ausgangspunkt dieser Differenzminimierung ist immer eine Abweichung der Lebensführung von einer Norm, und das Ziel ist es, diese Differenz von Lebensnorm und Lebensrealität, von Norm und Abweichung einzuebnen, bestenfalls zu beseitigen. Dies wird allerdings problematisch, wie schon kurz erläutert wurde, wenn die Norm selbst zur Disposition gestellt wird, das heißt, wenn die Menschen, deren Leben als abweichend bewertet wird, sich nicht an die Norm angleichen lassen bzw. nicht angleichen lassen wollen; oder wenn keine einheitliche Norm mehr auffindbar ist, an welche sich die Sozialarbeit anlehnen kann, auf welche sie sich beziehen kann. Wenn dies der Fall ist, gerät die Strategie, die die Differenz von Norm und Abweichung zu minimieren versucht, an ihre Grenzen. Möglicherweise helfen in diesem Falle differenzakzeptierende Strategien weiter.

Differenzakzeptanz

Mit sozialarbeiterischer Differenzakzeptanz meine ich, dass Sozialarbeit Differenzen annimmt, sie nicht versucht zu minimieren, sondern sie toleriert, mehr noch: mit ihnen arbeitet, sie für den Erfolg von Hilfeprozessen fruchtbar macht. Im Folgenden möchte ich vier differenzakzeptierende Strategien erläutern:

- erstens: die Akzeptanz der existenziellen Differenz von Sozialarbeiter und Klient
- zweitens: die Akzeptanz von Normdifferenzen
- drittens: die Akzeptanz von Wahrnehmungs-, Deutungs- und Verstehensdifferenzen
- viertens: die Akzeptanz von ethnischen Differenzen.[1]

Akzeptanz der Differenz Sozialarbeiter/Klient

Voraussetzung für alle weiteren differenzakzeptierenden, aber auch für die differenzmaximierenden Strategien der Sozialarbeit ist die Akzeptanz einer, wie man sagen könnte, *existenziellen Differenz*, und zwar die Akzeptanz der Differenz von Sozialarbeiter und Klient. Diese Differenz lässt sich *zum einen* verstehen, wenn man bedenkt, dass Sozialarbeiter in der Regel mit ihren problembeladenen Klienten nicht tauschen wollen. *Zum anderen* ist die Akzeptanz dieser Differenz aber auch grundsätzliche Voraussetzung für einen gelingenden Hilfeprozess. Sozialarbeiter sind in dieser Hinsicht aufgefordert, sich – wenn überhaupt – nur bedingt mit ihren Klienten zu identifizieren. Denn erst durch die Differenz von Sozialarbeiter und Klient, durch die Verschiedenheit ihrer Deutungen, Wahrnehmungen, Perspektiven, Verständnisse ist es möglich, dass der Sozialarbeiter Sicht- und Handlungsweisen in den Hilfeprozess einbringen kann, die für den

1 Die Liste differenzakzeptierender Strategien Sozialer Arbeit ist keineswegs vollständig, zum Beispiel ließen sich hier auch Ansätze feministischer oder geschlechterdifferenzierter Sozialarbeit aufführen (siehe ansatzweise dazu Maurer 2001).

Klienten neu und ungewohnt, ja fremd sind und die gerade deshalb für ihn anregend, bestenfalls problemlösend wirken. Die Differenz von Sozialarbeiter und Klient ist die Voraussetzung dafür, dass der Klient sein eigenes Denken und Handeln in der helfenden Beziehung konfrontieren kann mit den fremden Denk- und Handlungsweisen des Sozialarbeiters. Durch diese Reibung des Eigenen an dem Fremden, der Selbst- an der Fremdwahrnehmung, des Ich an dem Du, ja mit dieser Grenzerfahrung wird erst Veränderung möglich. Dies werden wir im Verlaufe der weiteren Ausführungen noch detaillierter und deutlicher sehen.

Akzeptanz von Normdifferenzen

Wir haben bereits gesehen, dass die sozialarbeiterische Differenzminimierung bezüglich der Differenz von Norm und Abweichung problematisch wird, wenn die Klienten an eine Norm angepasst werden sollen, die sie selbst nicht akzeptieren können oder wollen. Aber auch, wenn wir angesichts aktueller soziologischer Gesellschaftsdiagnosen bemerken, dass die Vorstellung einer einheitlichen Norm inzwischen unbrauchbar geworden ist, weil sich eine Vielfalt von Normen ausbildet, wird die differenzminimierende Strategie der Normanpassung, der Normalisierung zunehmend unbrauchbar (vgl. Kleve 2009c, S. 21 ff.).

Mit Thomas Rauschenbach (1994, S. 91) können wir sagen, dass sich – aufgrund unterschiedlicher sozialer Prozesse, z. B. durch Individualisierung, funktionale Differenzierung und Globalisierung – in der heutigen Gesellschaft Normalität vervielfältigt,

> »und zwar so lange, bis sie sich als Orientierungsmaßstab, an dem man sich ebenso anlehnen wie dezidiert davon absetzen kann, von selbst auflöst.«

Die Menschen bilden im Rahmen des rechtlich Möglichen zunehmend eigenständige Vorstellungen davon aus, was sie selbst als ein gelingendes Leben bewerten. Die Sozialarbeit als Profession ist damit immer weniger fähig, Hüterin und Durchsetzerin einer allgemein bzw. universell anerkannten Norm des gelingenden Lebens zu sein; vielmehr müssen die Normen, die in der Hilfe gelten sollen, erst kommunikativ zusammen mit den Klienten erschlossen oder gar erzeugt werden. Diesbezüglich geht Sozialarbeit sowohl in theoretischer (a) als auch in methodischer (b) Hinsicht tendenziell bereits so vor, dass sie Differenzen akzeptiert.

a) Theoretisch versteht sich heutige Sozialarbeit immer eindeutiger als *lebensweltorientierte* Sozialarbeit, ihr Strukturmerkmal ist die Lebensweltorientierung. Nach dem Begründer dieses Konzepts, nach Hans Thiersch (1993, S. 13), meint Lebensweltorientierung, dass sich die Sozialarbeit auf die eigensinnigen lebensweltlichen Erfahrungen ihrer Adressaten einlässt, ihre Normen und Vorstellungen von einem gelingenden Leben zu verstehen und zu akzeptieren sucht. Lebensweltorientierung ist demnach

> »Versuch und Instrument der Gegenwehr zu den normalisierenden, disziplinierenden, stigmatisierenden und pathologisierenden Erwartungen, die die gesellschaftliche Funktion der Sozialen Arbeit seit je zu dominieren drohen« (ebd.).

Eine lebensweltliche Sozialarbeit strebt danach, die Klienten im Kontext ihrer Lebenswelt zu verstehen, sie so anzunehmen, wie sie sind. In diesem Sinne schließt die lebensweltorientierte Sozialarbeit einerseits an traditionelle sozialarbeiterische Leitmaximen an, die sich etwa durch Lehrformeln ausdrücken wie »Dort Anfangen, wo der Klient steht«, »Unterstützung in den gegebenen Verhältnissen« oder »Hilfe zur Selbsthilfe«. Andererseits führt sie aber auch zu einer Enttraditionalisierung der theoretischen Grundprämissen Sozialer Arbeit. Denn die Differenz von gesellschaftlicher Norm und davon abweichender Lebensrealität der Klienten als Orientierungsmaßstab der Sozialarbeit kann inzwischen grundsätzlich infrage gestellt werden (vgl. Baecker 1994); auch hat die Suche nach alternativen sozialarbeiterischen Leitdifferenzen bereits begonnen (siehe wiederum vor allem Baecker 1994; sowie u. a. Fuchs u. Schneider 1995; Weber u. Hillebrandt 1999). Jedenfalls wird die Differenz von Norm und Abweichung nicht mehr bedingungslos vorausgesetzt bzw. als universale Differenz verstanden, sondern sie wird auf die jeweiligen Lebenswelten hin relativiert, vervielfältigt, pluralisiert, ja differenziert. In dieser Hinsicht geht es in der Sozialen Arbeit um ein neues Verständnis von Differenz, um »den Abschied von der Utopie einer homogenen und konfliktarmen Gesellschaft« (Maurer 2001, S. 130 mit Bezug auf B. Müller 1995, S.

144), ja um »das Ende eine[r] Theorie und Praxis, die geeignet ist, Differenzen pädagogisch zu neutralisieren«.

b) Das methodische Vorgehen einer differenzakzeptierenden Sozialarbeit besteht in einer *kommunikativen, einer dialogischen Grundhaltung*. Die Sozialarbeiter verstehen sich nicht mehr als Experten für die Durchsetzung gesellschaftlicher Normalitätsstandards, sondern sehen sich als Experten für das kommunikative Erschließen und Erzeugen von relativen, lebensweltlich begrenzten Normvorstellungen. Methodisch ist die partnerschaftliche Kommunikation mit den Klienten der Dreh- und Angelpunkt einer solchen Sozialarbeit. In dieser Kommunikation geht es darum, die Klienten als Experten für die Lösung ihrer Probleme anzusehen, sie so zu stützen, dass sie ihre Belange wieder in die eigenen Hände nehmen, dass sie selbstbestimmte Problemlösungen realisieren können. Dies erfordert von Sozialarbeitern die Fähigkeit, mit den Klienten über deren Problemsichten, über mögliche Problemursachen, über Ziele und Wege der Problemlösung zu kommunizieren. Zentral dabei ist, dass die Einstellungen und Normen der Klienten über ein »gelingendes Leben« akzeptiert werden, auch wenn sie sich von denen der Sozialarbeiter unterscheiden, vorausgesetzt natürlich, die zu realisierenden Normen der Klienten liegen innerhalb des demokratisch-rechtsstaatlichen Rahmens unserer Verfassung und widersprechen beispielsweise nicht dem Wohl zu erziehender Kinder bzw. gefährden nicht in irgendeiner Form die Klienten selbst oder dritte Personen.

Eine solche differenzakzeptierende theoretische und methodische Grundhaltung ist besonders dann realisierbar, wenn sie mit der Einstellung einhergeht, dass zwischen Klient und Sozialarbeiter bezüglich der jeweiligen Wahrnehmungen, Deutungen und Verständnisse unüberbrückbare, grundsätzliche Differenzen bestehen (können).

Akzeptanz von Wahrnehmungs-, Deutungs- und Verstehensdifferenzen

Wie uns die Kommunikationswissenschaft lehrt, werden wir uns in der sozialen Kommunikation niemals vollständig verstehen, es besteht eine grundsätzliche Differenz zwischen kommunizierenden

Personen, die auch nicht durch noch so rationale Kommunikation überbrückt werden kann (vgl. Fuchs 1993). Das Motto dieser kommunikationswissenschaftlichen Vorstellung ist daher: »Sage mir, was du denkst, und ich denke mir, was du meinst« (Bardmann 1994, S. 85). Denken und Fühlen bleiben individuell und sind nur unvollständig sozial vermittelbar. Und so sind auch die Deutungen und Wahrnehmungen der Menschen relativ, sie sind voneinander verschieden und different. Davon hat eine Sozialarbeit, die differenzakzeptierend sein will, zunächst einmal grundsätzlich auszugehen. Daher sollten sich Sozialarbeiter davor hüten, zu schnell zu verstehen. Der Satz »Ich verstehe« ist mit Vorsicht zu verwenden. Eher ist eine offene, eine fragende bzw. nachfragende Haltung einzunehmen, die das Verschiedene, das andere, das Differente zutage fördern kann. Denn, wie Hermann Pfütze (1999, S. 316) es ausdrückt:

> »Verständigung ist nicht stummes Einssein, sondern der Prozess langer und enger gegenseitiger Erfahrung des Andersseins, wie Land und Wasser, wie du und ich«.

Darüber hinaus erfordert die Akzeptanz von Wahrnehmungs-, Deutungs- und Verstehensdifferenzen eine Haltung, die die Grenzen unserer klassischen Logik sprengt. Nach dieser Logik können Aussagen nämlich nur zwei Werte haben: Etwas ist entweder wahr oder falsch, entweder existiert es, oder es existiert nicht. Dritte und weitere Werte sind nicht möglich. Denn es wird davon ausgegangen, dass es nur eine Welt gibt, deren Wirklichkeit von allen (zumindest psychisch gesunden, rational denkenden und kommunizierenden) Menschen erkannt werden könne. Dieser einen und einzigen Wirklichkeit müssten sich die Menschen stellen.

Inzwischen ist diese Vorstellung jedoch, vor allem durch die konstruktivistische Erkenntnistheorie, die auch in der Sozialarbeit starke Beachtung findet (vgl. z. B. Bardmann et al. 1992, Kersting 1992; Pfeifer-Schaupp 1995; Kleve 2009c), obsolet geworden. Nach dieser Theorie können wir permanent damit rechnen, dass in der Kommunikation bezüglich der vermeintlich gleichen Sachverhalte verschiedene Meinungen oder Vorstellungen zutage gefördert werden, die grundsätzlich nicht vereinbar sind, die aber dennoch jeweils angemessen sein können. Denn, so lehrt uns bereits die esoterische Mystik:

> »Jeder Mensch lebt in seiner ›Welt‹. Von diesen Welten gibt es genauso viele, wie es Menschen gibt« (Dethlefsen 1979, S. 84).

Mit dieser Sichtweise wird die Vorstellung abgelehnt, dass es eine einzige, uns auch noch zugängliche, richtig widerspiegelbare »objektive Realität« gibt.

Dass diese konstruktivistische Vorstellung nicht nur für eine differenzakzeptierende Sozialarbeit angemessen ist, wie ich behaupte, sondern darüber hinaus aus psychiatrischer Sicht sogar gesund ist, darauf weist uns der Psychiater und Familientherapeut Fritz B. Simon hin. So hat Simon (vgl. 1993, S. 451) bei der Therapie und Erforschung von Familien, in denen psychiatrische Symptome diagnostiziert wurden, festgestellt, dass alle untersuchten Familien implizit davon ausgingen, »dass es eine einzige objektive Realität gibt«, bezüglich deren eine einzige (richtige und wahre) Meinung, ein einziger (richtiger und wahrer) Konsens hergestellt werden könne. Besonders bei Familien mit als schizophren diagnostizierten Patienten führte diese Annahme zu einem permanenten, krank machenden Machtkampf um die Frage, wer die »richtige« Sicht auf die Realität besitzt.

Eine differenzakzeptierende Methodik Sozialer Arbeit müsste demgegenüber die Unbeantwortbarkeit dieser Frage herausstellen, sie müsste den Klienten dabei helfen, Differenzen, Dissense in der Kommunikation auszuhalten und sie produktiv zu machen. Denn, wie Simon (ebd., S. 452) schreibt, es

> »würde sich jeder Konflikt darüber, wer ›recht‹ hat, erübrigen [...], wenn die an der Interaktion beteiligten Personen sich vorstellen könnten, dass es auch die Möglichkeit gibt, dass mehrere kontradiktorische Aussagen gleichzeitig ›wahr‹ sind.«

Eine differenzakzeptierende Sozialarbeit müsste also in dieser Hinsicht davon ausgehen – und dies auch für ihre Klienten erfahrbar machen, wie – in den Begriffen der pragmatischen Kommunikationstheorie (Watzlawick et al. 1969) ausgedrückt – Dissense im Inhaltsaspekt der Kommunikation ausgehalten werden können, ohne dass sie negativ auf den Beziehungsaspekt der Kommunikation wirken – oder, anders gesagt: Die Sozialarbeit müsste erfahrbar machen, wie man gegensätzliche Meinungen einnehmen kann, ohne darüber streiten und kämpfen zu müssen, welche der Meinungen die »richtige« oder »wahre« ist (vgl. dazu grundsätzlich auch Goodman 1978).

Akzeptanz von ethnischen Differenzen

Schließlich ist von der Sozialarbeit eine differenzakzeptierende Theorie und Praxis gefordert, wenn es um die Arbeit in interkulturellen Kontexten geht. Dies sind ohne Frage hochpolitische und damit auch hochemotionale Kontexte, die von vielen Wertsetzungen und auch Vorurteilen geprägt sind. Viele dieser politischen und emotionalen Wertungen verbinden sich mit dem Begriff »Integration«. Von Menschen mit anderer ethnischer Herkunft, mit anderen kulturellen Prägungen wird Integration verlangt, sie sollen sich, das wird vor allem von politisch konservativer Seite jüngst gefordert, in die »deutsche Leitkultur« integrieren.

Wie Gudrun Jakobeit (1999, S. 92) formuliert, wird der Begriff »Integration« als schillernder Kampfbegriff benutzt, mit dem die Einstellung »zu Ausländern umschrieben wird: von der Anpassung (Assimilation) bis hin zu Ausgrenzung ›Integrationsunwilliger‹«. Die Forderung nach Integration erscheint als Konzept einer Haltung, die Differenzen, die Verschiedenheit nicht aushält, sondern sie aufzuheben, zu negieren versucht: Entweder sollen sich die von der vermeintlich kulturellen Norm Verschiedenen, die von ihr Abweichenden an diese Norm anpassen, sich in diese Norm hineinintegrieren (lassen). Oder, wenn sie dies nicht wollen bzw. nicht können, sie müssen mit Ausgrenzung, mit Exklusion rechnen. Die deutsche Staatsbürgerschaft soll nach dieser Auffassung nur derjenige bekommen, der sich auch in das deutsche Kulturgefüge integrieren will (siehe zur soziologischen Reflexion dieser politischen Diskussion Junge 2000, S. 265 ff.).

Eine differenzakzeptierende Sozialarbeit hat hier meiner Ansicht nach anders anzusetzen, sie hat andere Praktiken zu entwickeln, Praktiken, die ethnische Differenzen zulassen, die ein gleichberechtigtes Miteinander ethnischer und kultureller Unterschiede schlechthin ermöglichen. Daher ist mein Vorschlag, dass wir zunächst einmal das Integrationskonzept selbst infrage stellen.

Wie ich bereits mehrfach an anderen Orten ausgeführt habe (siehe Kleve 1997, 2009d, S. 210 ff.), sollte das Konzept »soziale Integration« als theoretische und praktische Orientierung Sozialer Arbeit nicht nur im Kontext von Interkulturalität, sondern grundsätzlich zumindest kritisch befragt, wenn nicht gänzlich verworfen werden. Denn es stellt, wie Maurer (2001, S. 129) in Anlehnung an B. Müller (1995) formuliert, »die problematische Seite der Geschichte moderner Sozialer Arbeit« dar, die als ein Versuch beschrieben werden kann,

> »soziale Integration als Instrument kultureller Anpassung zu benutzen und die damit verbundenen Interessengegensätze zu verschleiern«.

Integration ist ein Begriff aus der klassischen Soziologie, der aus neuerer soziologischer Sicht als universale Beschreibungskategorie für die sozialen Teilnahmemöglichkeiten von Menschen grundsätzlich überdacht, wenn nicht gar abgelehnt werden muss (vgl. Wagner 1993; Luhmann 1997b, S. 602; Nassehi 1997). Denn die Gesellschaft ist kein einheitliches soziales Gebilde mehr, das über eindeutige Normen oder über eine einzige Kultur integriert wird (vgl. Wagner 1999). Die Gesellschaft ist hoch differenziert, und zwar mindestens in zwei – in sich selbst wiederum weiter differenzierte, also binnendifferenzierte – Bereiche: in den Bereich der Lebenswelten (a) und in den Bereich der Systeme (b).

a) Unabhängig von ethnischen Differenzierungen könnte man zunächst allgemein formulieren, dass von Integration lediglich im Hinblick auf die *Einbindung in die Lebenswelten,* in die Familien-, Freundschafts- und Intimbeziehungen, gesprochen werden kann. Denn hier sind die Menschen ganzheitlich, als ganze Personen eingebunden, hier kann potenziell alles, was sie betrifft und angeht, potenziell alles, was sie denken und fühlen, thematisiert werden. Aber auch hier wirkt Integration nicht (mehr) als gesamtgesellschaftlicher Einbindungsmodus. Integration bleibt relative Einbindung – relativ, d. h., bezogen auf die kulturell und normativ sehr unterschiedlich geprägten und ausgerichteten lebensweltlichen Ordnungen, von denen es eine Vielfalt gibt (vgl. weiterführend Junge 2001), die zeitlich und räumlich keineswegs stabil sind. Daher gehört es inzwischen

> »zur normalen Alltagserfahrung, dass kulturelle Einheits- und Dauerorientierungen, wie sie in vormodernen Gesellschaften noch ganz ›normal‹ waren, zerbrochen sind und keine Institution mehr imstande ist, eine für alle Menschen gleichsinnige und verbindliche Wirklichkeitskonstruktion zu vermitteln« (Bardmann et al. 1992, S. 77).

Deshalb erleben wir kulturell prinzipiell schon lange keine Integration mehr, sondern müssen eine kulturelle Desintegration der Gesellschaft, die diese reicher, bunter und vielfältiger macht, aushalten, eben Multikulturalität.

Wie Armin Nassehi (2000) ausführt, ist beispielsweise die Forderung nach einer »Leitkultur« ein unbrauchbarer Reflex all derjenigen, die diese kulturelle Vielfalt und Desintegration nicht aushalten. Insofern ist das Leitkulturpostulat geboren aus der bereits implizit, latent bestehenden Multikulturalität unserer Gesellschaft, die einige politische Akteure allerdings mit veralteten, mit überkommenen Konzepten und Begriffen zu leugnen und zu negieren versuchen. Also worauf hin soll gesamtgesellschaftlich integriert werden, wenn es keine einheitliche Integrationsordnung mehr gibt, wenn Multikulturalität bereits die reale Verfassung der Gesellschaft ist?

b) Jenseits der Integrationsforderung könnten wir postulieren, dass ausländische Mitbürger bzw. Migranten die Möglichkeit haben sollten, die deutsche oder eine doppelte Staatsbürgerschaft zu erwerben, an der deutschen Wirtschaft, der Politik, dem Recht etc. zu partizipieren. Aber genau dies wäre keine Integration. Integration bedeutet kulturelle, normative Einbindung. Diesbezüglich müssen wir aber, wie gesagt, aus soziologischer Sicht mit gesellschaftlicher Desintegration leben, gesellschaftliche Desintegration bzw. Multikulturalität aushalten. Die Teilnahme an den sozialen, den politischen, ökonomischen oder rechtlichen Systemen wäre demgegenüber *Inklusion* (vgl. Luhmann 1997b, S. 618 ff.; Nassehi 1997). Denn in diese Systeme wird man nicht vollständig eingebunden, nicht als ganze Person integriert, sondern man nimmt an ihnen nur ausschnitt-, nur rollenhaft teil.

Die Moderne hat im Gefolge der Französischen Revolution das Prinzip der Gleichheit und Freiheit etabliert, das Prinzip, dass mithin alle Menschen unabhängig von ihrer Herkunft, ihren kulturellen Zugehörigkeiten etc. – zumindest potenziell – gleiche und freie Zugänge zu allen Systemen der Gesellschaft erhalten, die lebenswichtige Ressourcen und Kapazitäten vermitteln. Diese Gleichheit und Freiheit bezüglich der Inklusion sind in der globalisierten Realität unserer Gesellschaft immer weniger nach kulturellen oder nationalstaatlichen Zugehörigkeiten einschränkbar. Darauf wird sich auch die Politik, werden sich die Menschen in Zukunft einstellen müssen. Daher ist nicht kulturelle Integration, sondern Inklusion zu fordern, ja Inklusion ist gerade angesichts normativer, kultureller Desintegration, angesichts von

Multikulturalität zu realisieren. Menschen sollten also unabhängig von ihrer kulturellen Integration, unabhängig von ihrer ethnischen Zugehörigkeit alle Inklusionsmöglichkeiten nutzen können. So schreibt auch Nassehi (2000; Hervorh.: H. K.):

> »Und die Probleme der Migranten, vor allem der jungen Generation, sind alles andere als Probleme, die sich mit Kultur und mit Bekenntnissen zu irgendeiner Leitkultur lösen ließen, sondern nur mit rechtlichen Erwartungssicherheiten und *politischen Inklusionsangeboten,* mit sanktionierbaren Regeln für alltägliche Konfliktfelder.«

Wir können zusammenfassen, dass eine differenzakzeptierende Sozialarbeit bezüglich der ethnischen Differenzen deutlich machen kann, dass das Integrationskonzept, das politisch immer wieder ins Spiel gebracht wird, wenn es um die sogenannte Ausländerfrage geht, gesellschaftlich nicht mehr adäquat ist. Deshalb könnte es diesbezüglich eine Aufgabe der Sozialarbeit sein, Möglichkeiten zu entwickeln und lebbar zu machen, die das Verschiedene hinsichtlich ethnischer Verschiedenheit anerkennen. Es kommt diesbezüglich darauf an, Unterschiede zwar wahrzunehmen, sie aber auszuhalten, nicht zu überbrücken oder integrativ zu verringern. Es geht in der sozialen Praxis darum, beim

> »anderen zuzulassen, dass er anders und verschieden ist. Es ist die Herausforderung zuzulassen, dass der andere die Freiheit hat, verschieden sein zu können, und ihn nicht einem Anpassungsdruck auszusetzen« (Jakubeit 1999, S. 92).

Differenzmaximierung

Schließlich will ich einen letzten Weg des sozialarbeiterischen Umgangs mit Differenz vorstellen: die Differenzmaximierung. Die Sozialarbeit minimiert und akzeptiert nicht nur Differenzen, nein, sie maximiert sie auch, und dies insbesondere in methodischer Hinsicht. Wenn sozialarbeiterische Kommunikation erfolgreich ist, dann schafft sie ein Mehr an Unterschieden, und zwar an kognitiven und kommunikativen Differenzen. Dies will ich am Beispiel des Erzeugens von Unterschieden erläutern, die zur Informationsgewinnung beitragen a), und ich will es zeigen am Beispiel des Umdeutens, des Reframings b).

a) Mit Gregory Bateson (1979) können wir sagen, dass neue Informationen, die zu Veränderungen führen, dann entstehen, dann erzeugt werden können, wenn Unterschiede zu Unterschieden führen. *Was ist damit gemeint?* Damit ist zum Beispiel, bezogen auf die Sozialarbeit, gemeint, dass Sozialarbeiter ihren Klienten neue, veränderte Erfahrungen, *Unterschiede* zu den bisher bekannten Erfahrungen bieten müssen, damit sich bei ihnen Veränderungen, eben *Unterschiede* im Denken und Handeln, einstellen. Und daher sollten Sozialarbeiter zunächst einmal ihre grundsätzliche Differenz gegenüber den Klienten akzeptieren. Denn erst dann kann Sozialarbeit als (immer fremd und anders bleibender) Teil der Umwelt der Klienten innerhalb dieser Umwelt so wirken, dass sie neue Erfahrungen, zum Beispiel hinsichtlich der Annahme von Hilfe oder bezüglich der konstruktiven Gestaltung von zwischenmenschlichen Beziehungen, machen können, die auf ihre kognitiven Einstellungen und Deutungen so wirken, dass sich Verhaltensweisen ändern können. Die Erzeugung, ja die Maximierung von Unterschieden, von Differenzen zu dem Zweck, neue Informationen, neue Handlungs- und Denkweisen zu realisieren, wäre somit eine zentrale Aufgabe der Sozialarbeit.

Hierfür gibt es auch spezielle Methoden, etwa das Verfahren der *systemischen Aufstellungen*, das noch ausführlich erläutert werden wird (siehe Kapitel 4 ff.), oder das *zirkuläre Fragen*. Zunächst zu dieser Fragetechnik, deren wesentliches Ziel es ist, den Klienten dabei zu helfen, eingefahrene, eher problemstabilisierende Sichtweisen zu verändern, neue, ungewohnte Sichtweisen einzunehmen oder solche Sichtweisen von anderen Problembeteiligten vermittelt zu bekommen. Denn zirkuläres Fragen wird so eingesetzt, dass die Problembeteiligten, zum Beispiel Familienmitglieder, nicht zu ihren eigenen Wahrnehmungen, Deutungen, Verhaltensweisen oder Erwartungen bezüglich des Problems befragt werden, sondern zu den Verhaltensweisen oder Erwartungen der anderen Problembeteiligten. Dabei müssen sie eine veränderte Perspektive einnehmen, sie müssen sozusagen versuchen, aus der Sichtweise der anderen zu beobachten. Allein dies führt schon zu Differenzen, zu Unterschieden, die problemlösend wirken können. Darüber hinaus wird das, was über die Verhaltensweisen oder Erwartungen der jeweils anderen gesagt wird, Veränderungen bei denen auslösen, über die etwas gesagt wird, die sich das Gesagte, das sich auf sie bezieht, anhören. Denn es kann überraschend wirken, wie das eigene Verhalten aus der Außenperspektive gesehen und gedeutet wird. Mit anderen Worten, die Eigenwahrnehmung kann so mit der Fremdwahrnehmung konfrontiert werden, was in der Regel Reflexionsprozesse, neue Verständnisse, veränderte Bewertungen, andere Sichtweisen, Aha-Erlebnisse, kurz: Differenzen und damit neue, brauchbare Informationen entstehen lässt. Diese Effekte des produktiven Erzeugens von Unterschieden werden mit der Nutzung von systemischen Aufstellungen weiter gesteigert. Ich komme spätestens ab dem 4. Kapitel darauf zurück.

b) Weiterhin kann man sagen, dass eine erfolgreiche Sozialarbeit Differenzen hinsichtlich der Art und Weise des eigenen Wahrnehmens, des eigenen Erkennens maximiert. Sie führt nämlich im Fall des Gelingens zur Differenzierung von Sichtweisen, ja zur Kommunikation von neuen Sichtweisen, die problemlösend wirken können. Das Verfahren, das eine solche Maximierung von Sichtweisen, von unterschiedlichen Deutungsmöglichkeiten zulässt, ist das sogenannte *Umdeuten* bzw. das *Reframing* (siehe ausführlich Haye u. Kleve 1998).

Reframing aktiviert nämlich den Möglichkeitssinn, den Robert Musil (1978, S. 16; Hervorh.: H. K.) in seinem Roman *Der Mann ohne Eigenschaften* folgendermaßen charakterisiert:

»Wer ihn besitzt, sagt beispielsweise nicht: Hier ist dies oder das geschehen, wird geschehen, muss geschehen; sondern erfindet: Hier könnte, sollte oder müsste geschehen; und wenn man ihm von irgendetwas erklärt, dass es so sei, wie es ist, dann denkt er: *Nun, es könnte wahrscheinlich auch anders sein.*«

Und dass alle Phänomene aus unterschiedlichen Perspektiven immer auch unterschiedlich, immer auch anders betrachtet werden können, dass sie kontingent (vgl. Luhmann 1984, S. 152) sind, ist der Grundgedanke des Umdeutens.

Beim Umdeuten geht es darum, von dieser »Möglichkeit des Andersseins« (Watzlawick 1977) auszugehen und die Zahl der sichtbaren Deutungen für einen problematischen Sachverhalt zu erhöhen. Erfolgreich war die Umdeutung, wenn es den Klienten möglich wird, aus der Vielfalt der verschiedenen Deutungen diejenige Deutung als plausibel und brauchbar auszuwählen, die am ehesten geeignet ist, problemlösendes Denken und Handeln zu ermöglichen.

Gleichberechtigung des Verschiedenen: Ein Ausblick

Für die Sozialarbeit ist die Kategorie der Differenz konstitutiv. Die Beobachtung einer Differenz zwischen dem, wie das Leben ist, und dem, wie es sein soll, ist ein Ausgangspunkt sozialarbeiterischen Handelns. Der Umgang mit dieser Differenz und mit anderen Differenzen, die in der Folge der Bearbeitung dieser Differenz auflaufen, kann in drei unterschiedlichen Weisen geschehen: Diese Differenzen können minimiert, akzeptiert und maximiert werden. Wobei ich abschließend insbesondere noch einmal für die Strategie der Differenzakzeptanz plädieren will.

Meiner Ansicht nach kommen wir aufgrund unserer aktuellen sozialen Strukturen, in denen Vielfalt, Pluralität, genauer: Differenzen von Systemen, Lebenswelten, Sichtweisen, Normen, Wahrnehmungen, Deutungen und Verständnissen sowie kulturellen Zugehörigkeiten täglich erfahrbar sind, nicht umhin, differenzakzeptierend zu leben. Es geht darum, den jeweils anderen als anders zu akzeptieren, seine Verschiedenheit auszuhalten, sich mit dieser Verschiedenheit auseinanderzusetzen, ohne zu erwarten, dass diese letztlich auf das Eigene, auf dasselbe, auf das Identische zurückgeführt werden kann. Die Differenz – so könnten wir beispielsweise in Anlehnung an die eingangs angeführten Philosophen Deleuze (1968) und Adorno (1966) formulieren – ist gegenüber vereinheitlichender Übergriffe des Identischen, gegenüber unserer abendländischen, alteuropäischen Identitätssuche immer wieder erneut zu retten, ja zur Geltung zu bringen.

Angesichts dieser Forderung sollten wir uns verabschieden von vielen alten Denksystemen, die unsere Kultur geprägt haben und sie nach wie vor prägen, z. B. vom Denksystem, das uns der Philosoph Hegel offeriert hat. Dieses Denksystem, Dialektik genannt, hat ein Prinzip, nämlich Gegensätze nicht als Gegensätze, als Differenzen auszuhalten, sondern sie wieder auf etwas Allgemeines, auf etwas Identisches, in dem sie aufgehen, zurückzuführen. Demgegenüber gilt es – mit Adorno (1966) gesprochen –, eine *negative Dialektik* stark zu machen, die die Differenzen als Differenzen, eben als verschieden, aber als gleichberechtigt nebeneinanderstehend, auszuhalten imstande ist. Dies wäre dann eine *Dialektik der Ambivalenz,* der gleichzeitigen Richtigkeit und Geltung unterschiedlicher, ja sich möglicherweise sogar widersprechender Lebens- und Sichtweisen. Dass man sich mit so einem Denken Uneindeutigkeiten, Widersprüche, eben Ambivalenzen einhandelt, ist nur folgerichtig. Denn unser Sozialsystem selbst ist uneindeutig, widersprüchlich, ambivalent. Angesichts von Uneindeutigkeit, von Ambivalenz geht es also nicht darum, Eindeutigkeit erreichen zu wollen und einzufordern, sondern darum, Strategien des Umgangs mit Ambivalenz zu entwickeln (siehe ausführlich dazu Junge 2000).

Wir brauchen eine Urteilskraft, die ambivalente Perspektiven einnehmen und aushalten kann. Bei der Entwicklung einer solchen Urteilskraft und damit einhergehender Handlungsweisen könnte die Sozialarbeit eine Vorreiterrolle spielen. Denn sie selbst ist eine Praxis innerhalb vielfältiger Differenzen, innerhalb vielfältiger ambivalenter Erfahrungshorizonte, mit denen sie täglich in einer akzeptierenden und konstruktiven Weise umzugehen hat (vgl. weiterführend Kleve 2007d). Demgegenüber scheint die Politik mit dieser »ambivalenten Gesellschaftlichkeit« (vgl. Junge 2000) derzeit (noch) überfordert zu sein, was Thomas Assheuer (2001) kürzlich beschrieben hat:

> »Auf Unentscheidbarkeit reagiert ein Politiker nicht mit perspektivischer Urteilskraft, sondern mit symbolischem Handeln. Ist die Lage ambivalent, beschwört er die Eindeutigkeit [...]. Wird die nationale Identität zweideutig, träumt er von der Reinheit der deutschen Sprache. Extreme Unübersichtlichkeit beseitigt er mit extremer Leitkultur.«

Damit eine solche unangemessene Haltung schließlich überwunden wird, ist neben der perspektivischen Urteilskraft eine Ethik der Differenzachtung gefordert, eine Ethik, die es als ungerecht ansieht, wenn in Situationen der ambivalenten Unentscheidbarkeit Entscheidungen getroffen werden, die im Interesse der Homogenität, der Reinheit, der Identität zur Unterdrückung der Ambivalenz führen (vgl. Lyotard 1983). Vielmehr sind Unterschiede zu akzeptieren. Und im (mediativen) Dialog des Verschiedenen, des Eigenen und Fremden (vgl. Zima 1997, S. 367 ff.) sind Wege der gleichzeitigen und gleichberechtigten Entfaltung dieser Unterschiede zu suchen.

2 Der Mensch der Sozialarbeit – Eine systemtheoretische Reflexion zur Unbestimmbarkeit eines Platzhalters

»(Ich) schlage [der Sozialen Arbeit] vor, das klingt vielleicht paradox, dass man sich um ein weniger technisches, dafür um ein mehr menschliches Verständnis bemüht.«
Niklas Luhmann (1997a, S. 72)

Welchen Unterschied es für die Sozialarbeit macht, nicht davon auszugehen, dass man weiß, was der Mensch ist, sondern offen für die Vielfalt des Menschlichen zu sein, wird in diesem Kapitel gezeigt. In radikal systemtheoretischer Weise könnten wir sogar davon sprechen, dass wir nicht mit Menschen, sondern mit Differenzen arbeiten, mit Differenzen, die erst dazu führen, dass biologische, psychische und soziale Systeme entstehen. Deutlich soll schließlich werden, dass gerade das systematische Absehen von einer bekannten Idee des Menschen dazu führt, dass die Soziale Arbeit menschlicher wird, dass sie sich eben einlässt auf die vielen Unterschiede hinsichtlich dessen, wie Menschen leben, ja, wie sie *sein* könnten.

Ausgangspunkte

Die zentrale These, die hier im Vordergrund steht, lautet, dass die Systemtheorie mit ihrem äußerst komplexen Theoriedesign zur Reflexion einer Praxis besonders geeignet ist, die selbst ausgesprochen komplex ist, die Soziale Arbeit. Mit Komplexität ist hier die Vielzahl von abhängigen Variablen gemeint, die interagieren, sich gegenseitig bestimmen und begrenzen und einen schier unermesslichen Möglichkeitsreichtum des Denkens und Handelns generieren. Gleichzeitig offenbaren sich in komplexen Phänomenen und Verhältnissen Widersprüche, Gegensätze, Paradoxien. Komplexität ist differenzgeladen, lässt sich nicht auf einen eindeutigen Nenner bringen, verursacht womöglich das, was Wolfgang Welsch (1990) für die Gegenwartsgesellschaft diagnostiziert: Ambivalenz in nahezu allen Verhältnissen (siehe dazu ausführlicher Kapitel 9).

Diese Ambivalenz verlangt, dass wir, wenn wir Wirklichkeitsbeschreibungen anfertigen, zugleich die Plausibilität dessen verfolgen, was diesen Beschreibungen widerspricht. Insofern sind Diskurse sehr zu begrüßen, die unterschiedliche, ja gegensätzliche Positionen abwägen und diskutieren, zum Beispiel jene Positionen, in denen die sozialarbeiterische Bedeutung der Frage nach den Menschen vertieft wird. Dabei können Liebgewonnenes hinterfragt und Neues erprobt, kurz: Thesen und Gegenthesen abgewogen werden. Die Frage, die wir hier behandeln werden, wird in Anlehnung an Andreas Kirchner (2007) formuliert: *Wie kann der Mensch innerhalb einer systemtheoretisch reflektierten Sozialen Arbeit thematisiert werden, wenn er von der luhmannschen Theorie in die beiden zwar strukturell verkoppelten, aber dennoch operational getrennten Systeme Psyche und Körper zerlegt und zur Umwelt der sozialen Systeme erklärt wird?*

Diese Frage wird zwar nur selten explizit thematisiert (siehe als Gegenbeispiel dazu Sellmaier 2006), ist aber zumindest (auch in systemtheoretischen Reflexionen) implizit Thema, wenn es etwa um die wichtigen Themen von Inklusion und Exklusion geht (siehe zum Überblick Merten u. Scherr 2004 und zur Orientierung auch Hosemann 2006). Trifft es etwa zu, was Kirchner (2007, S. 379; Hervorh. i. Orig.) behauptet:

> »[...] dass die Systemtheorie bisher noch nicht in der Lage war, jenen Komplex, der bisher stets subjektphilosophisch determiniert unter der *Einheit Mensch* firmierte, für die Soziale Arbeit zufriedenstellend zu rekonstruieren«?

Oder ist vielleicht eine solche Rekonstruktion gar nicht notwendig – zumindest nicht in einem solchen Sinne, wie ihn Kirchner möglicherweise intendiert: als Programm einer Ontologie (Seinslehre) vom Menschen?

Der große Gewinn der Systemtheorie liegt meines Erachtens gerade in der *De*konstruktion des Begriffs »Mensch«, der in der Sozialen Arbeit ohnehin nur als unterkomplexer Platzhalter für Nichtidentisches verwendet wird, nämlich für die Vielzahl von Personen, die vielleicht als anzustrebendes Ideal, aber faktisch niemals so in den Blick gebracht werden können, wie die Soziale Arbeit dies gerne postuliert: ganzheitlich.

An anderer Stelle (Kleve 2007d, S. 49 ff.) habe ich bereits ausführlich zu zeigen versucht, dass »Ganzheitlichkeit« als ein Ideal Sozialer

Arbeit durchaus seine Berechtigung hat, dass aber der Versuch, auf das Ganze (etwa des Menschen) zu blicken, Differenz, Vielfalt, Heterogenität erzeugt. Insofern sind Ganzheit und Differenz zwei Seiten einer Medaille, das eine bedingt das andere. Welsch (u. a. 1987, S. 60) hat dies philosophisch ausgearbeitet, er postuliert: »Ganzheit (ist) nur via Differenz einlösbar.« Freilich ist dies nicht die Ganzheit, die vielleicht klassische Ganzheitstheoretiker im Blick haben. Sie ist und bleibt eine Ganzheit als (niemals erreichbares) Ideal, eine Ganzheitlichkeit als richtungweisendes, aber niemals einlösbares Programm. Denn »je weiter man ins Ganze ausgreift, umso mehr stößt man auf Diversität, Unordentlichkeit und Unfasslichkeit« (Welsch 1996, S. 658). Dies gilt freilich auch für den Versuch, den Menschen als ein Ganzes zu fassen.

Das, was in der Sozialen Arbeit als Mensch bezeichnet wird, ist daher nicht der Mensch, den wir idealerweise meinen, wenn wir diesen Begriff benutzen; es ist vielmehr eine geradezu ideologische Konstruktion des Systems selbst. Genau dies offenbart die Systemtheorie und emanzipiert damit einen Platzhalterbegriff von systeminternen Zuschreibungen, und zwar für die Möglichkeit, dass das im Unbestimmten, genauer: in der Differenz unterschiedlicher Systeme bleiben darf, was ohnehin nur interessengeladen bestimmt bzw. zur vermeintlichen Einheit gebracht werden kann: der Begriff »Mensch«. Und damit wird paradoxerweise etwas erreicht, was gerade für die Soziale Arbeit angemessen erscheint: *die Menschen in ihrer psychischen Unermesslichkeit und ihrer sozialen Vielschichtigkeit, in ihrer offenen Zukunft ernster zu nehmen, als es mit einem eindeutigen Begriff des Menschen möglich wäre.*

Die Frage nach dem Menschen in der Systemtheorie

Zunächst gilt es festzustellen, dass es mitnichten so ist, dass die soziologische Systemtheorie sich mit dem Begriff des Menschen sowie mit den damit einhergehenden sozialwissenschaftlichen und philosophischen Implikationen nicht auseinandersetzt. Das Gegenteil trifft eher zu: Eine Reihe von umfangreichen Publikationen thematisieren »den Menschen«. Wer also die Aufgabe, die Kirchner stellt, zu lösen versucht, wer also den Begriff »Mensch« für eine systemtheoretisch informierte Soziale Arbeit zu rekonstruieren versucht, der muss mindestens das rezipieren, was insbesondere Niklas Luhmann (1995) in der Aufsatzsammlung *Soziologische Aufklärung 6: Die Soziologie und der Mensch* und was Peter Fuchs in Zusammenarbeit mit Andreas Göbel

(1994) im Reader *Der Mensch – das Medium der Gesellschaft* hierzu zusammentragen. Und vor allem scheint es wichtig, ein dieses Thema vertiefendes Werk von Fuchs (2007) zu studieren: *Das Maß aller Dinge. Eine Abhandlung zur Metaphysik des Menschen.* Da dieses Werk das derzeit umfangreichste ist, das sich aus systemtheoretischer Sicht mit »dem Menschen« auseinandersetzt, möchte ich meine folgenden Überlegungen an ein längeres Zitat aus dem Umschlagtext des Buches anschließen. Fuchs (ebd., Umschlagtext; Hervorh. im Orig.) formuliert dort das Programm seiner Publikation, er schreibt:

> »Was kann man heute zur ›Form‹ des Menschen verantwortlich und präzise sagen, wenn doch ebendiese Form [...] so vollkommen aus der Form geraten ist? Die Antwort liegt nahe. Man kann es mit jener gewohnheitsmäßig unsentimentalen, im Kern durch und durch ironisch-realistischen Theorie versuchen, die seit ihrem Start ohne die Referenz auf den Menschen auskommt: der von Niklas Luhmann geprägten Systemtheorie, die das, was das ehrwürdige Wort des Menschen bezeichnen sollte, auflöst in ein Kompendium aufeinander bezogener, aber differenter ›Phänomenalitäten‹ wie Systeme und Operationen, wie Körper und Gehirn, Psyche, Bewusstsein und last, but not least: Kommunikation. Es gibt in dieser Theorie keinen terminologischen Ort, der als begriffliche Behausung des Menschen gelten könnte. Und es ist gerade diese Enthaltsamkeit, die die stupende Leistungsfähigkeit der Systemtheorie begründet hat, die an die Stelle eines kompakt-opaken Wortes den Umgang mit Differenzen setzt.
>
> Man kann heute nicht mehr ernsthaft davon absehen, dass das *Beobachtete* Moment der Operation Beobachtung selbst ist. Was als ›Welt‹ in der Beobachtung anfällt, fällt als *Beobachtetes* an, ein Umstand, der auch dazu führt, dass *der* Beobachter in jeder Beobachtungsoperation nicht als der Beobachter auftritt, der die Operation exekutiert, sondern selbst nur als *Beobachtetes,* wenn und soweit er bezeichnet und dadurch unterschieden wird. [...] Eine Theorie, die dies einkalkuliert und sich dennoch *des* Menschen annimmt, kann also nur beobachten, wie *der* Mensch beobachtet wird. Sie langt nicht an beim Menschen, sie berührt ihn nicht. Sie bezeichnet die Formen (insofern sie an einem Rückblick interessiert ist), die zu verschiedenen Zeiten das ausmachten, was dann als *der* Mensch intellektuell plausibel verhandelbar war. In der Theorie spricht man in diesem Zusammenhang von der Beobachtungstechnik *zweiter Ordnung,* für die gilt, dass sie nicht mehr Dinge und Weltgegebenheiten bezeichnet, sondern die Unterscheidungen, die die Projektion dieser Dinge und Gegebenheiten inszenieren. [...] Die Frage lautet also genau: Welche besondere Erzählung kann diese Theorie aus dem

Zusammenhang ihrer Begriffe generieren, wenn sie gefragt wird: Wie hältst du es aber mit *dem* Menschen?«

In diesem Zitat sind alle aus meiner Sicht wichtigen Aspekte angesprochen, um die es geht, wenn wir uns fragen, wie wir aus systemtheoretischer Sicht den Menschen für die Soziale Arbeit thematisieren oder rekonstruieren können. Diese Rekonstruktion setzt in der Systemtheorie zunächst einmal – und dies habe ich bereits betont – eine Dekonstruktion voraus: eine Auflösung des Kompaktbegriffs »Mensch« in unterschiedliche – wie Fuchs (siehe oben) sagt: »Phänomenalitäten«, nämlich in drei Systeme: in das biologische, psychische und soziale System. Weiterhin geht es darum, sich zu vergegenwärtigen, dass Begriffe eben nicht zu verwechseln sind mit der scheinbaren Realität, die sie bezeichnen. Realitäten werden beobachtet; aber diese Beobachtung offenbart uns nichts, was jenseits dieser Beobachtung liegt, sondern lediglich Kaskaden von anderen Beobachtungen. Wir wissen spätestens seit Immanuel Kants Philosophie, dass die »Dinge an sich«, auch »die Menschen an sich« nicht zugänglich sind. Uns offenbaren sich lediglich Konstruktionen, mit denen wir im Alltag so umgehen, *als ob* sie beobachterunabhängige Realitäten wären (siehe aufschlussreich dazu Schmidt 2003). Zu beiden Aspekten – also zur Dekonstruktion des Menschen und zur konstruktivistischen Sicht auf den Menschen sowie zu den daraus sich ergebenden Möglichkeiten für die Soziale Arbeit – will ich nun Näheres ausführen.

Dekonstruktion des Menschen: Biologische, psychische und soziale Systeme

In der Systemtheorie Luhmanns wird der Mensch dekomponiert, insbesondere in die zwar hinsichtlich ihrer Elemente unabhängig operierenden, aber sich gegenseitig voraussetzenden, strukturell gekoppelten Systeme Körper (biologisches System) und Bewusstsein (psychisches System). Die vermeintliche Einheit Mensch wird zu einer *Differenz* zweier Systeme (Körper und Psyche), die sich im Kontext eines dritten Systems konstituiert, nämlich in der Umwelt sozialer Systeme.

Wenn wir in diesem Zusammenhang Luhmanns (vgl. 1991a, S. 73) Empfehlung lesen, dass Theorie heißt, »aus Trivialitäten weitreichende Schlüsse zu ziehen«, dann haben wir an diesem Punkt ein sehr schönes Beispiel dafür. Denn eine Trivialität, zumal für Sozialarbeiterinnen und Sozialarbeiter, ist es, zu wissen und täglich immer wieder zu erfahren, dass das, was sie mit ihren Klienten tun, nur äußerst beschränkt geplant und hinsichtlich seiner Wirkungen vorhergesagt werden kann. In Sozialarbeiterkreisen grassiert auch die Formulierung, dass man andere Menschen »eigentlich« nicht verändern kann; man kann ihnen nur dabei helfen, sie unterstützen, sich selbst zu verändern. Demnach ist Hilfe letztlich immer eine Hilfe zur Selbsthilfe – das ist eine gängige, sogar in rechtliche Formulierungen eingespeiste sozialarbeiterische Formel.

Aus diesen Trivialitäten, die wir im Alltag permanent erfahren und zumeist höchstens mit einem Schulterzucken hinnehmen, zieht nun die soziologische Systemtheorie weitreichende Schlüsse. Ein solcher Schluss ist die beschriebene systemische Dreiteilung.

Mit dieser Dreiteilung lässt sich sehr genau erklären, warum zielgerichtetes Verändern von Menschen ein höchst unwahrscheinliches Unterfangen ist. Denn im Gegensatz zu anderen Systemtheorien (etwa der »Züricher Schule« nach Staub-Bernasconi oder Obrecht) versteht die luhmannsche Theorie Systeme nicht als ineinander verschachtelte russische Puppen, sondern als System-Umwelt-Differenzen. Während die herkömmliche Systemtheorie Systeme als ineinander verschachtelte Gebilde konzipiert (das jeweils größere, etwa die Gesellschaft, enthält die jeweils kleineren Systeme, etwa Menschen, Familien, Organisationen etc.), arbeitet die luhmannsche Theorie mit einem komplexeren Systemverständnis.

Demnach bilden sich Systeme in Abgrenzung zu einer Umwelt. System und Umwelt sind dabei zwei Seiten einer Form, die in einem Verhältnis der Gleichzeitigkeit und gegenseitigen Bedingtheit stehen. Daher ist etwa die Frage danach, was wichtiger ist, das System oder die Umwelt, sinnlos. Beides ist gleich wichtig; das eine wäre ohne das andere nicht existent.

In diesem Zusammenhang können wir bereits sehen, dass die luhmannsche Theorieentscheidung, Menschen der Umwelt sozialer Systeme zuzurechnen, keine Abwertung des Menschen, genauer: der biologischen und psychischen Systeme bedeutet – im Gegenteil: Ohne biologische und psychische Umwelt könnte sich kein soziales System konstituieren.

Das soziale System ist angewiesen auf Körper (biologische Systeme) und Prozesse des Bewusstseins in psychischen Systemen.

Kommunikationen als Elemente des sozialen Systems bilden sich erst aufgrund der unüberbrückbaren Differenz zwischen unterschiedlichen psychischen und körperlichen Systemen. Mit anderen Worten, mehrere Psychen können sich nicht wechselseitig verkoppeln, etwa im Sinne unmittelbarer Gedankenübertragung (siehe zur gegenteiligen These mit empirischen Befunden: Sheldrake 2003), sondern müssen den Umweg über Kommunikation gehen. Kommunikation, mithin das soziale System, ist das Dritte, das sich zwischen unterschiedlichen Körpern und Psychen immer dann bildet, wenn diese sich wechselseitig beobachten. Dann kann – im Sinne Paul Watzlawicks – nicht *nicht* kommuniziert werden, dann bildet sich das Soziale quasi wie von selbst.

Entscheidend an diesem Punkt ist nun jedoch, dass zwischen den drei benannten und sich wechselseitig bedingenden sowie gleichzeitig agierenden Systemen Anregungsverhältnisse bestehen: Jedes System existiert auf der Basis der Anregungen der anderen. Diese Anregungen sind jedoch nicht in deterministischer Weise zu verstehen. Kein System kann die anderen unmittelbar steuern; es kann jedoch Selbststeuerungen bei den jeweils anderen Systemen auslösen.

An dieser Stelle könnten wir beispielsweise an die marxistische Idee denken, dass das gesellschaftliche Sein das Bewusstsein bestimme, und aus systemtheoretischer Sicht konkretisieren: Das menschliche Bewusstsein konstituiert sich zwar in einer jeweiligen Gesellschaft, diese Gesellschaft ist sein Kontext. Dieser Kontext kann auch das begrenzen oder ausweiten, was dieses Bewusstsein denken kann, es kann aber letztlich nicht festlegen, was es dann tatsächlich denkt, was es psychisch aus dem macht, was es schlussfolgert, plant oder fantasiert angesichts dessen, was es an Kommunikationen in seiner gesellschaftlichen Umwelt (psychisch) beobachtet.

Schließlich möchte ich darauf hinweisen, dass angesichts der sehr differenzierten Trennung der drei benannten Systemklassen an Theorien menschlicher Bedürfnisse angeschlossen werden kann. Selbst die von einem völlig anderen systemischen Konzept ausgehende Bedürfnistheorie von Werner Obrecht (1996, S. 142 ff.) lässt sich vor dem Hintergrund der luhmannschen Theorie nutzen, wenn man die drei Bedürfniskategorien biologische, biopsychische und biopsychosoziale Bedürfnisse, von denen Obrecht spricht, in einem nicht hierarchischen Verhältnis denkt. Denn biologische, psychische und soziale Systeme werden mit der luhmannschen Theorie in einem sich wechselseitig voraussetzenden Verhältnis gedacht. Jedes dieser Systeme ist auf die Existenz der anderen in seiner Umwelt angewiesen und kann nur so seine jeweilige Autopoiesis (Selbstreproduktion und Selbstorganisation) und damit seine Bedürfnisse sichern. Erst vor diesem Hintergrund sind beispielsweise die komplexen Wechselwirkungen von sozialen, psychischen und körperlichen Prozessen erklärbar, mit denen sich etwa die psychosomatische Medizin beschäftigt und die auch Thema der klinischen Sozialarbeit sind (vgl. Pauls 2004). Besonders deutlich und für die Soziale Arbeit anschlussfähig veranschaulicht Fritz B. Simon (1995) in seinem Buch *Die andere Seite der Gesundheit. Ansätze einer systemischen Krankheits- und Therapietheorie* diese strukturellen Verkoppelungen der genannten Systeme.

Menschen in der Sozialarbeit: Eine Beobachtung zweiter Ordnung

Neben der Dreiteilung der für uns Menschen relevanten Systeme spricht Fuchs (siehe oben) von der besonderen Beobachtungstechnik der Systemtheorie, von der *Beobachtung zweiter Ordnung*. Mit der Beobachtung zweiter Ordnung ist es etwa möglich zu sehen, *wie* die praktische Soziale Arbeit das beobachtet und damit allererst konstruiert, d. h. unterscheidet und bezeichnet, was in der vortheoretischen Sprache als »Mensch« kommuniziert wird. Inzwischen gibt es einige Arbeiten, die sich mit der Konstruktion der – wenn man so will: besonderen Menschenform beschäftigen, die die Soziale Arbeit hervorbringt: mit der *Genese des Klienten* (Eugster 2000).

Als Ausgangspunkt könnten wir zunächst feststellen, dass der Begriff »Klient« freilich nicht mit dem Begriff »Mensch« gleichzusetzen ist. Ein Klient ist ein minimaler Ausschnitt aus der unermesslichen Vielheit eines Menschen. Der Mensch in seiner Ganzheitlichkeit, das habe ich bereits oben ausgeführt, ist für ein soziales Kommunikationssystem, etwa für einen sozialarbeiterischen Hilfeprozess, unerreichbar. Menschen werden in sozialen Systemen als Personen relevant, was auch als Inklusion bezeichnet wird. Und Personen sind damit ebenfalls keine Menschen, sondern die Anschlussstellen für psychische und soziale Systeme, um sich auf ihren jeweiligen Seiten, also gedanklich und/oder kommunikativ, sinnhafte Ordnungen, Erwartungen, Strukturen und Zurechnungsmöglichkeiten zu organisieren. Menschen, also die Einheiten der strukturell verkoppelten Differenzen von biologischen und psychischen Systemen, sind unermesslich mehr als das, was in einem sozialen System als Person relevant wird. Zudem variieren Personen mit der Veränderung des sozialen Kontextes, der sie gerade tangiert. Diese Veränderung bringt unterschiedliche Rollen in den Blick, die Personen einnehmen können. Eine solche Rolle ist die des Klienten.

Rollen zeichnen sich dadurch aus, dass sie – ähnlich wie Personen, nur in noch allgemeinerer, genauer: austauschbarer Weise – Erwartungen bündeln. Die Rolle des Klienten geht freilich mit einer Problemzuschreibung und entsprechenden Erwartungen, Selbst- und Fremderwartungen, einher. Auch die »Eintrittskarte« ins Hilfesystem ist das Ins-Spiel-Bringen von Problemen. Die Soziale Arbeit läuft zunächst als die Beobachtung von Personen an, die sich selbst Probleme zuschreiben oder denen solche von anderen zugeschrieben werden. Wenn es gelingt, für diese Probleme eine sozialarbeiterische Hilfe in Aussicht zu stellen, und sich die betreffenden Personen auf den Hilfeprozess einlassen, kommt es zur genannten Genese des Klienten.

Es würde den konstruktiven Fortgang der Hilfe allerdings hemmen, wenn Sozialarbeiter und Sozialarbeiterinnen an dieser Stelle ihren Klienten mit seinem Menschsein identifizieren würden; sie tun, genau genommen, das Gegenteil: Sie gehen davon aus, dass sich mit der gleichen Person Chancen bieten, vom Problem zur Lösung überzugehen. Die aktuell in unterschiedlichen Konzepten, etwa in der systemischen oder der sozialraumorientierten Sozialen Arbeit, favorisierten radikal lösungs- und ressourcenorientierten Ansätze (etwa nach Steve de Shazer und Insoo Kim Berg) bieten hier Strategien an, die den Wechsel vom – wie wir vielleicht sagen könnten: »Problemklienten« zum »Ressourcenklienten« mit einiger Nachhaltigkeit erreichen. Diese Ansätze dekonstruieren den »klassischen Klienten« mit seinen Problemen und Schwierigkeiten und bringen einen Klienten in Sicht, der selbst erster Auslöser für einen visionären Veränderungsprozess sein kann – ausgehend von kreativ erarbeiteten Utopien, etwa durch die Wunderfrage (siehe weiterführend dazu De Jong u. Berg 2002).

Neben dem Klientenbegriff gibt es seit einigen Jahren weitere Markierungen für die Rollen von Personen, die in der Sozialen Arbeit relevant werden. Speziell bei Begriffen »Kunde« oder »Bürger« können wir relativ schnell erkennen, dass es sich um interessenspezifische, geradezu ideologische Konstruktionen des Systems selbst handelt, aber nicht um Bezeichnungen, die in der Lage sind, das

Ganze eines Menschen zu erfassen. Mit der Bezeichnung »Kunde« geht eine ökonomische Ideologie einher, die Soziale Arbeit als ein marktwirtschaftliches Geschehen konstruiert. Der Begriff »Bürger« findet Verwendung in einem Kontext, in dem die Eigenverantwortung und Mündigkeit derjenigen hervorgehoben werden soll, die auf Hilfe angewiesen sind.

Halten wir fest, Soziale Arbeit tut zwar mitunter so, als ob sie auf den (ganzen) Menschen Bezug nehmen könnte, aber ihr ist dies aus Gründen, die ich zu plausibilisieren versucht habe, nicht möglich. Sie erreicht mit ihren Kommunikationen unterschiedliche und unvollständige Facetten einer Komplexität, die ihr immer nur in reduzierter Form zugänglich ist. Zwar wird in sozialen Systemen oft so getan, als ob Menschen kommunizierten oder als ob über Menschen kommuniziert würde, aber bei genauer Betrachtung, mithin bei einer Beobachtung der Art und Weise, wie soziale Systeme agieren, wird sichtbar, dass dies eine Illusion ist. Menschen gehen weder ein in die Kommunikation, noch können sie kommunikativ erreicht werden. Sie bleiben als strukturelle Zusammenbindungen biologischer und psychischer Systeme in einer schier unermesslich komplexen Umwelt; sie bleiben kommunikativ so unbestimmbar, dass jeder soziale Bestimmungsversuch (z. B. als Klient, Kunde oder Bürger) recht schnell, zumal mithilfe einer Beobachtung zweiter Ordnung, in seiner Künstlichkeit und Begrenztheit sichtbar wird.

Offenhalten einer Frage: Was ist der Mensch?

Die Frage, was der Mensch ist, kann womöglich nur beantwortet werden, wenn wir die Einheit des Menschen auflösen in die drei benannten Systeme. Mit dieser Dekonstruktion der Identität Mensch in die Differenz von biologischem, psychischem und sozialem System kann die Komplexität erahnt werden, die den Menschen kennzeichnet und die niemals gänzlich erfasst werden kann. Mit der klassischen Kritischen Theorie können wir an dieser Stelle auch sagen, dass der Mensch ein besonders schönes Beispiel ist für das, was Theodor W. Adorno (1966) in seiner *Negativen Dialektik* das *Nichtidentische* nennt.

Das Nichtidentische ist nämlich jenes, welches sich der klaren begrifflichen und jeder anderen Identifizierung entzieht, dem man erst dann zu seinem Recht verhilft, wenn man vermeidet, es eindeutig fassen zu wollen. Die Frage nach dem Nichtidentischen bleibt offen, kann letztlich nicht beantwortet werden. Wenn wir versuchen, sie zu beantworten, verschieben wir lediglich die Stelle, die sich uns immer wieder entziehen wird, die wir niemals zu Gesicht bekommen.

Die Soziale Arbeit wird erst dann menschlich, und das ist freilich paradox, wenn sie darauf verzichtet, genau zu sagen, was der Mensch ist; wenn sie den Möglichkeitsreichtum nutzt, den das Zusammenspiel von biologischen, psychischen und sozialen Systemen generiert; wenn sie sich öffnet für ungeahnte Überraschungen durch Klienten, Kunden oder Bürger; wenn sie anerkennt, dass ihr Nichtwissen hinsichtlich des Menschen genau das ist, was ihr hilft, um ihre Hilfe menschlicher zu gestalten.

Bezeichnend ist doch, dass gerade menschenfeindliche Ideologien (etwa Faschismus oder Stalinismus), die das 20. Jahrhundert stark dominiert haben, zumeist suggerierten, das Wesen des Menschen vollends erfasst zu haben, und danach die Gesellschaft zu gestalten versuchten. So wird ein Satz von Adorno verständlich, den er 1965 in einem Radiogespräch mit Arnold Gehlen äußerte und der auf seine Schrift *Jargon der Eigentlichkeit* (Adorno 1964) verweist, dass nämlich »[d]er Mensch [...] heute die Ideologie für die Unmenschlichkeit (ist).« In diesem Sinne möchte ich mit Adorno schließen, der in dem gleichen Gespräch unmissverständlich feststellt: »Zu sagen, was der Mensch sei, ist absolut unmöglich.«

3 Problem als Systemstruktur – Eine Präzisierung der systemischen Perspektive

Welchen Unterschied macht die systemische Perspektive in der Sozialen Arbeit? Diese Frage ist derzeit schwer zu beantworten, bezeichnen sich doch inzwischen zahlreiche sozialarbeiterische Aktionen als »systemisch«. Der Begriff scheint inzwischen ziemlich verwässert zu sein. Wer systemisch bzw. systemtheoretisch denkt, so hatten wir im letzten Kapitel gesehen, der denkt zumindest nicht im klassischen Sinne »menschlich«, er lässt die Frage offen bzw. im Unterschiedenen, was der Mensch denn nun sei. In diesem Kapitel soll deutlich werden, was dies für die Praxis heißen kann. In Anlehnung an die theoretischen Grundlagen der systemischen Strukturaufstellungsarbeit von Matthias Varga von Kibéd und Insa Sparrer wird herausgearbeitet, wie sich die systemische Soziale Arbeit von anderen Richtungen Sozialer Arbeit unterscheidet. Dafür wird das Modell der Problemstruktur zunächst theoretisch vorgestellt und schließlich auch anhand eines Beispiels veranschaulicht.

Ausgangspunkte

Mit dem Wort »systemisch« ist es seit einigen Jahren ähnlich wie aktuell mit dem Begriff »Case-Management«: Beides sind häufig *Eyecatcher*! Mit Peter Löcherbach (2003), der diese These bezüglich des Case Managements vertritt, können wir von einem *Eyecatcher* dann sprechen, wenn ein Begriff eher als eine Art modischer Blickfang in Reden, Konzepten oder auf Visitenkarten auftaucht. Aber bei genauerem Hinsehen und Nachfragen wird es schnell diffus. Unklar bleibt dann, was dieser Begriff genau unterscheidet, was er eingrenzt und ausgrenzt, was er präzise bezeichnet. Gerade »systemisch« erscheint nicht selten als eine Benennung für einen Container, in den alles Mögliche und vielleicht auch Unmögliche hineingepackt werden kann. Denn es hänge ja ohnehin alles mit allem irgendwie zusammen. – Dieser Satz ist vielleicht der Gipfel der Ungenauigkeit hinsichtlich der Frage, was als »systemisch« bezeichnet werden kann.

Mit den Begriffen »systemisch« und »systemische Sozialarbeit« ist es ebenso wie mit dem Wort »Systemtheorie«: Niklas Luhmann schrieb bereits 1984 in seinem ersten Hauptwerk, *Soziale Systeme. Grundriss einer allgemeinen Theorie,* dass

> »›Systemtheorie‹ heute ein Sammelbegriff für sehr verschiedene Bedeutungen und sehr verschiedene Analyseebenenen (ist). Das Wort referiert keinen eindeutigen Sinn« (S. 15).

Welchen Sinn das Wort »Systemtheorie« nach einem an der luhmannschen Theorie orientierten Verständnis für die Soziale Arbeit besitzen kann, wurde in Kapitel 2 bezüglich der Frage nach dem Menschen skizziert (vertiefend dazu etwa Hosemann u. Geiling 2005; oder auch Kleve 2009c, 2007d und, knapper, Kleve 2007c; aktuell Lambers 2010), sodass dies im Folgenden nicht vertieft werden soll. Vielmehr ist es mir hier ein Anliegen, das Wörtchen »systemisch« zu differenzieren und zu präzisieren, das als Oberbegriff für bestimmte Haltungen, Methoden und Theorien verstanden werden kann. Ausgehend von einem komparativen Begriff des Systemischen, werden vier eng miteinander verwobene Wege präsentiert, die auch die Soziale Arbeit gehen kann, wenn sie einen systemischen Ansatz bzw. entsprechende Haltungen, Methoden und Theorien zu realisieren versucht.

»Systemisch« – ein komparativer Begriff

Insa Sparrer und Matthias Varga von Kibéd haben eine sehr interessante Präzisierung des Begriffs »systemisch« vorgeschlagen, die richtungweisend sein könnte und an die ich mich daher anlehnen werde (vgl. zum Folgenden etwa Sparrer 2006, S. 39 f.; Varga von Kibéd u. Sparrer 2009). Demnach wird »systemisch« komparativ aufgefasst: als ein Vergleichsmaßstab. Wir sollten, davon ausgehend, nicht mehr nach einem absoluten Begriff des »Systemischen« suchen; vielmehr lässt sich der Begriff als eine relative bzw. relativistische Kategorie verstehen. Für Sparrer und Varga von Kibéd ist »systemisch« keine Eigenschaft, die einem Ansatz, etwa einer Theorie, einer Methode oder Haltung, per se zukommt. Sondern sie betrachten »einen Ansatz im Vergleich zu anderen, um entscheiden zu können, in welcher Hinsicht er systemischer ist« (Varga von Kibéd u. Sparrer 2009, S. 40). Eine solche komparative »Betrachtungsweise (kommt) der systemischen Sicht näher [...], da ja gerade die systemische Sicht von individuellen [bzw. absoluten; H. K.] Eigenschaften absieht« (ebd.).

Auch wenn man von absoluten Eigenschaften absieht, um einen Ansatz als systemisch zu charakterisieren, lassen sich mit Sparrer und Varga von Kibéd (vgl. ebd.) mindestens *vier Kriterien* anführen, die als Steigerungsformen deutlich machen, ob und wie ein Ansatz als mehr oder weniger systemisch bewertet werden kann. Danach ist ein Ansatz systemischer als ein anderer, wenn er:

- *erstens:* eher von menschlichen Einzeleigenschaften absieht zugunsten der Betrachtung von Interaktionen und Relationen in einem System
- *zweitens:* vom Ursache-Wirkungs-Denken, also von linearen Erklärungen, stärker abrückt zugunsten der Betrachtung von Kontexten und der Konstruktion von phänomenalen Beschreibungen
- *drittens:* von der Analyse von einzelnen Elementen mehr Abstand nimmt zugunsten der Untersuchung von Strukturen der Beziehung zwischen den Elementen eines Systems
- *viertens* eher syntaktisch, auf Regeln und Strukturen, als semantisch, auf Bedeutung und Inhalt, ausgerichtet ist.

Diese recht abstrakt wirkenden Bestimmungsmerkmale sollen an einem Beispiel etwas eingehender veranschaulicht werden, und zwar an einem Phänomen, das oft als der »Gegenstand« (vgl. etwa Engelke 2003, S. 301 ff.) der Sozialen Arbeit bezeichnet wird: am Phänomen des Problems selbst. Wir werden ein Problem als ein System verstehen, als ein Problemsystem (vgl. als Grundlage dazu vor allem Varga von Kibéd u. Sparrer 2009, S. 45 ff.; oder auch Daimler 2008, S. 142 ff.; und zusammenfassend Sparrer 2006, S. 140).

Problem – Eine systemische Bestimmung

Erstes Kriterium: Absehen von Einzeleigenschaften zugunsten der Betrachtung von Interaktionen und Relationen in einem System.

Was ist das Problem? Wer hat das Problem? – Solche Fragen stellen wir in der Sozialen Arbeit oft. Wenn wir angesichts des ersten Kriteriums systemischer fragen wollen, dann müssen wir versuchen, ein Problem nicht als eine Eigenschaft zu sehen, die einem Einzelnen, etwa dem Klienten der Sozialen Arbeit, zukommt oder die als Sachverhalt glasklar vor uns liegt. Vielmehr können wir versuchen, ein Problem als Interaktion bzw. als Relation zu betrachten, und dies mindestens in zweierlei Hinsicht:

Erstens erscheint ein Problem als Relation zwischen einem Beobachter und seiner Beobachtung. Probleme wären demnach relativ zu denen, die sie konstatieren, die sie als Probleme unterscheiden und bezeichnen. Damit setzen wir ein Problem nicht mehr als einen objektiven Sachverhalt bzw. ein objektives Datum und auch nicht als eine Eigenschaft, die eine Person hat, voraus, sondern als eine Betrachtungsweise, kurz als einen *Fokus.*

Der Fokus auf dem Problem ist aber lediglich ein Element, das wir differenzieren können, wenn wir es mit einem Problem zu tun haben.

Zweitens kann ein Problem selbst als eine systemische Struktur aufgefasst werden, also *als eine Mehrzahl von aufeinander bezogenen Elementen.* Auf das zweite Element (neben dem Fokus) der Problemstruktur kommen wir, wenn wir uns eingestehen, dass sich ein Problem nur dann von einem Beobachter *fokussieren* lässt, wenn er zwischen einer aktuellen Beobachtung, der Problembeobachtung (Ist-Wert), und einer erwünschten Beobachtung, gewissermaßen der Lösungsbeobachtung (Soll-Wert), unterscheidet. Zu einem Problem gehört also ein zweites, oft zunächst ungeklärtes Element, das wir *Ziel* nennen können und das das meint, worauf hin das Problem gelöst werden soll. In Problemkontexten kommt aber erschwerend hinzu, dass das Ziel nicht komplikationslos erreicht werden kann, da ein oder mehrere *Hindernisse* den Weg zur Zielerreichung blockieren, womit wir das dritte Element der Problemstruktur benannt haben. Je länger ein Problem ungelöst bleibt, desto wahrscheinlicher ist, dass sich ein viertes Element einstellt, nämlich ein mehr oder weniger *verdeckter Gewinn.* Hiermit sind mögliche Vorteile angesprochen, die das Aufrechterhalten des Problems sinnvoll erscheinen lassen. Soll aber das Problem in Richtung Ziel gelöst werden, so gehören zur Problemstruktur – als fünftes Element – eine oder mehrere *Ressourcen,* die bei dem Weg zum Ziel unterstützend sind. Und schließlich ist das Augenmerk auf ein letztes, auf das sechste Element der Struktur zu richten: auf die *zukünftige Aufgabe,* also auf das, was ansteht, nachdem das Problem gelöst, das Ziel erreicht ist.

Zusammenfassend gesagt, eine systemische Problemstruktur kann aus sechs Elementen gebildet werden:

- Fokus
- Ziel
- Hindernisse
- verdeckter Gewinn
- Ressourcen
- zukünftige Aufgabe.

Selbst ein Problem können wir so als eine systemische Struktur, genauer: als eine Anzahl von aufeinander bezogenen und in Wechselwirkung stehenden Elementen auffassen.

Zweites Kriterium: Absehen vom Ursache-Wirkungs-Denken, also von linearen Erklärungen zugunsten der Betrachtung von Kontexten und der Konstruktion von phänomenalen Beschreibungen.

Mit der dargestellten Problemstruktur verabschieden wir uns vom klassischen Ursache-Wirkungs-Denken. *Denn wer oder was soll die Ursache des Problems sein?* Der Beobachter selbst, der ein bestimmtes Phänomen, ausgehend von einer Ist-Soll-Differenz, als Problem fokussiert? Die Schwierigkeit, das Problem in Richtung auf das Ziel zu lösen? Die Hindernisse, die den Weg zum Ziel blockieren? Der verdeckte Gewinn, der das Aufrechterhalten des Problems attraktiv macht und so die Zielerreichung erschwert? Die bisher – als Stützen einer zukünftigen Zielerreichung – noch nicht passend genutzten Ressourcen? Oder die zukünftige Aufgabe, die vielleicht so angsteinflößend ist, dass sie möglicherweise bereits das Betrachten des Ziels erschwert?

Es hat in einer solchen Situation von unterschiedlichen miteinander vernetzten Bedingungen wenig Sinn, *die* Ursachen für das Problem (er)klären zu wollen. Denn die genannten sechs Elemente eines Problems schaffen durch ihr Zusammenspiel eine so hohe Komplexität, dass das Isolieren von Ursachen nicht mehr gelingt. Ein Problem erscheint somit als etwas, das nicht durch isolierbare Ursachen bewirkt oder gelöst wird, sondern als ein Zusammenspiel unterschiedlicher Elemente, die jeweils füreinander Kontexte bilden.

Jedes Element ist in einem Kontext situiert, der durch die anderen Elemente gebildet wird. So entstehen unterschiedlichste Abhängigkeiten und Wechselwirkungen. Die Frage wäre, wie die Kontexte so umarrangiert werden können, dass beispielsweise das Ziel attraktiver wird; der verdeckte Gewinn auch bei einer Zielerreichung gesichert oder aber aufgegeben werden kann; sich die Hindernisse durch das Nutzen der Ressourcen überwinden lassen; und die zukünftige Aufgabe nicht mehr so gefürchtet wird, dass das Erreichen des Ziels gefährdet bleibt.

Um sich einer solchen Frage des Umarrangierens zu widmen, müssen freilich zunächst die einzelnen Elemente genau beschrieben werden. Wir benötigen eine differenzierte Darstellung des Fokus sowie klare Beschreibungen bzw. Nennungen in Bezug auf das Ziel, die wahrgenommenen Hindernisse, den vermuteten verdeckten Gewinn, die nutzbaren Ressourcen und die zukünftige Aufgabe. Damit erscheint ein Problem, zusammenfassend gesagt, als etwas, das hinsichtlich seiner Elemente beschrieben, aber kaum hinsichtlich seiner Ursachen erklärt werden kann. Erklärungen verengen eher den Blick, sind rückwärtsgewandt, während Beschreibungen phänomenologisch orientiert sind, das Schauen auf das, was sich in der Wahrnehmung zeigt, begünstigen.

Drittes Kriterium: statt einer Analyse von einzelnen Elementen Untersuchung der Strukturen der Beziehung zwischen den Elementen des Systems.

Wie bereits ausgeführt, lässt sich eine systemische Problemstruktur dadurch verstehen, dass wir, statt die Elemente isoliert zu betrachten und zu analysieren, die Wechselwirkung dieser Elemente beobachten. Jede isolierte Betrachtung einzelner Elemente sieht von dem Phänomen der *Emergenz* (siehe dazu aktuell etwa Mitchel 2008) ab, also davon, dass die Interaktionen der Elemente etwas Neues hervorbringen: *Beziehungsstrukturen eines Gesamtsystems.* Daher hat es mehr Sinn, die Aufmerksamkeit auf die Struktur der Elemente zu richten, ihr Zusammenspiel zu betrachten, um zu fragen, wie diese Struktur, dieses Zusammenspiel so verändert werden kann, dass sich auch die Eigenschaften des Gesamtsystems verändern – bestenfalls freilich so, dass sich die Wahrscheinlichkeit einer erfolgreichen Zielerreichung erhöhen kann. Aber was heißt dies nun genau?

Systemische Wechselwirkungen vollziehen sich, wie ausgeführt, in Strukturen, also in gewissen Anordnungen der Elemente zueinander. So wäre es für eine systemische Problembetrachtung wichtig zu klären, wie die Elemente des Problems zueinander stehen und welche Beziehungen bzw. Relationen sich damit einstellen. Diesbezüglich sind unterschiedliche Konstellationen denkbar. Ideal wäre es freilich – gewissermaßen ein mögliches Lösungsbild –, wenn der Fokus in einer klaren und direkten Relation zum Ziel stünde; wenn der Gewinn, den das Problem bisher gebracht hat, deutlich sichtbar und vom Fokus akzeptiert würde; wenn die Hindernisse die anderen Elemente zwar beeinflussen und als wichtige, vielleicht korrigierende Kontextfaktoren wahrgenommen würden, aber die Beziehung zum Ziel nicht mehr verstellten; wenn die Ressourcen den Fokus (im Rücken oder an den Seiten) so stärkten, dass mit klarem Blick zum Ziel auch die zukünftige Aufgabe nach der Zielerreichung am Horizont aufschiene.

Wie hier sichtbar wird, offenbart sich ein Problem mit der Idee des Problemsystems als etwas, das nicht gelöst werden kann, indem etwa ein Klient betrachtet oder bearbeitet wird, der das Problem hat oder auf es zeigt, sondern durch die Untersuchung der Konstellationen, in denen die Elemente des Problems zueinander stehen und möglicherweise in ihrer Position verändert werden können.

Viertes Kriterium: eher syntaktische, auf Regeln und Strukturen ausgerichtete Beobachtungen und Beschreibungen entwickeln als semantisch, auf Bedeutung und Inhalt orientiert, zu beobachten und zu beschreiben.

Vielleicht etwas überspitzt und provokativ formuliert, können wir behaupten: Um dabei zu helfen, ein Problem zu lösen, müssen wir nicht viel vom Inhalt des Problems (z. B. eines Klienten) verstehen, sondern sollten uns anschauen, wie die Elemente des Problems strukturiert sind und nach welchen Regeln sie miteinander agieren. Es kommt demnach nicht darauf an, die richtigen Deutungen und Interpretationen in Bezug auf ein Problem zu entwickeln, sondern zu schauen, was für eine Struktur die Elemente eines Problemsystems bilden, wie sie also zueinander stehen und welchen Regeln sie dabei gehorchen. Interpretationen und Hypothesen, etwa in Bezug auf die Ursachen des Problems, sind bei einem solchen eher syntaktischen Vorgehen eher hinderlich: Sie halten uns davon ab, bei dem zu bleiben, was vom Adressaten gesagt wird und was sich in seinem Reden und Tun im Hier und Jetzt zeigt.

In diesem Sinne können wir zwei Aussagen von zwei bekannten Systemikern verstehen. So soll der amerikanische Familientherapeut, der Begründer der strukturellen Familientherapie, Salvador Minuchin, einmal gesagt haben, dass wir uns zwar hin und wieder in eine deutende Hypothese verlieben könnten, dass es aber gefährlich sei, eine solche zu heiraten (Quelle unbekannt). Und Matthias Varga von Kibéd weist in seinen Workshops regelmäßig darauf hin, dass der Erfinder der Lösungsfokussierung, Steve de Shazer, die Aussage von Minuchin weiter radikalisiert, denn er meine gar: »Wenn dir eine Interpretation bzw. Hypothese einfällt, dann setz dich in eine Ecke, nimm ein Aspirin, und warte bis der Anfall vorbei ist.«

Wir sollten uns also nicht zu sehr mit Deutungen und Hypothesen aufhalten, sie vertiefen und durchdenken, sondern ein Problemsystem dazu anregen, sich so umzustrukturieren, dass eine Zielerreichung wahrscheinlicher wird. Ich habe bereits ausgeführt, dass ein Lösungsbild für ein Problemsystem so aussehen könnte, dass der Fokus klar das Ziel im Blick hat; dass die Hindernisse als kontrollierende und vielleicht verlangsamende Kontextfaktoren darauf achten, dass das Ziel nicht zu schnell, sondern eher langsam und nachhaltig erreicht wird, dass der Gewinn entweder aufgegeben oder aber in passender Form auch im Zielzustand nutzbar ist; dass die Ressourcen als Potenziale zur Zielerreichung wahrnehmbar und nutzbar sind; und dass schließlich die zukünftige Aufgabe, also das, was nach Zielerreichung ansteht, nicht gescheut wird.

Als professionelle Sozialarbeiterinnen und Sozialarbeiter haben wir, diesem Kriterium entsprechend, die Aufgabe, nach passenden Verfahren, Methoden und Prozessen zu suchen, die unseren Adressaten (Einzelpersonen oder sozialen Systemen) dabei helfen, ihre Probleme in hilfreicher Weise zu reflektieren und bestenfalls zu lösen. Dabei brauchen wir nicht so viel von den einzelnen speziellen Problemen zu verstehen, sondern wir sollten davon etwas verstehen, wie die (zumeist teufelskreisartig verfestigten) Strukturen der Probleme so irritiert werden können, dass sich Lösungsstrukturen entwickeln können. Ein solches sehr prozessorientiertes methodisches Verfahren soll schließlich knapp skizziert werden, womit zugleich die nächsten Kapitel vorbereitet werden, die dieses Verfahren ausführlich thematisieren.

Die systemische Aufstellung als eine Form radikalen systemischen Denkens

Eine besonders radikale, also an den Wurzeln unseres alltäglichen Denkens und Handelns nagende systemische Methode eignet sich hervorragend dafür, den genannten systemischen Kriterien zu entsprechen: die systemische Aufstellung, insbesondere die systemische Strukturaufstellung, die von Varga von Kibéd und Sparrer entwickelt wurde (siehe dazu die bereits genannte Literatur von Sparrer und Varga von Kibéd sowie von Daimler; siehe zu einem soziologischen Erklärungsversuch von Aufstellungen Baecker 2007).

Auf die erläuterte Idee der Problemstruktur bezogen, ermöglicht es diese Methode, ein Problem – bestehend aus Fokus, Ziel, Hindernissen, verdecktem Gewinn, Ressourcen und zukünftiger Aufgabe – räumlich zu simulieren. Dazu können wir Gegenstände (etwa Stühle, Figuren, aber auch Karten) oder Personen als Stellvertreter nutzen, die die genannten Elemente symbolisieren. Der Klient, der ein Problem reflektieren oder lösen möchte, ordnet die Symbole, also etwa die Stellvertreter, die ein jeweiliges Element repräsentieren, im Raum nach seinem inneren Bild an und modelliert dabei zwei Variablen: die Entfernung zwischen den Symbolen (Nähe und Distanz) sowie die Stellungswinkel.

Ein so aufgestelltes Problem kann uns seine systemische Struktur spiegeln. Dadurch können wir – aus einer Außenperspektive etwa als Klient oder Beobachter und aus einer Innenperspektive als aufgestellter Repräsentant eines Elements – wahrnehmend erproben, wie eine eher problemstabilisierende oder eine eher problemlösende Struktur des Systems aussieht. Für den Klienten wird so etwas plastisch, gewissermaßen konkret entäußert, was er zumeist nur innerlich wahrnimmt. Denn es können Positionen verändert und damit neue Strukturen getestet werden, die sich zudem durch rituelle Prozesse nachhaltig vertiefen lassen.

All dies kann hier lediglich angedeutet und kaum nachvollziehbar beschrieben werden. Will man sich über systemische Aufstellungen ein Urteil bilden, reicht es nicht, darüber zu lesen, die Aufstellungen sollten selbst (etwa in der Rolle als Beobachter oder als Repräsentant) erfahren werden. Vielleicht ist das Aufstellen der Königs-, mit Sicherheit aber nicht der einzige Weg, systemischer als bisher, also entsprechend den oben genannten Kriterien, zu denken. Das Modell der Problemstruktur beispielsweise kann auch als Reflexions- oder Gesprächsgrundlage dienen, womit die Struktur eines Problems erhellt und bestenfalls in Richtung Lösung verändert wird. Was dabei ganz wie von selbst entsteht, ist eine veränderte Sicht auf die Welt, die wahrscheinlich systemischer ist, als es das bisherige Denken der Beteiligten war.

Die Problemaufstellung – ein Beispiel

Ich präsentiere hier ein Beispiel aus einer Beratung, die ich in der Hochschule mit einem Studenten, den ich im Folgenden Herrn Meier nennen werde, durchgeführt habe. Eine solche Problemaufstellung hätte aber ebenso in jeder sozialarbeiterischen oder psychosozialen Beratungsstelle, etwa des Studentenwerkes, stattfinden können. Das Beispiel verdeutlicht darüber hinaus eine Möglichkeit, Aufstellungen in Einzelgesprächen zu realisieren, und zwar mit Hilfe von auf dem Boden platzierten Karten als Repräsentanten für die Elemente der jeweiligen systemischen Struktur.

Aber nun zum Beispiel: Herr Meier kam in meine Sprechstunde, da er beim ersten Anlauf, seine Bachelorarbeit erfolgreich zu schreiben, gescheitert war. Aus Angst vor einer »schlechten Note«

hatte er die »mehr oder weniger fertige Arbeit« nicht abgegeben – er befürchtete, dass diese den Leistungsanforderungen nicht entspräche. Er suchte nun meinen Rat, weil er seinen zweiten Versuch intensiver vorbereiten wollte und befürchtete, wieder zu scheitern.

Das Gespräch strukturierte ich durch die Elemente der Problemaufstellung. Mit offenen Fragen explorierte ich das Ziel, die Hindernisse, den verdeckten Gewinn, bisher ungenutzte Ressourcen und die zukünftige Aufgabe. Nach etwa 20 Minuten ergaben sich folgende Punkte:

- *Fokus:* die Problemperspektive des Studenten Herrn Meier,
- *Ziel:* Bachelorarbeit erfolgreich schreiben,
- *Hindernisse:* die Angewohnheit, chaotisch zu arbeiten und der Studentenjob,
- *verdeckter Gewinn:* der Studentenstatus,
- *ungenutzte Ressourcen:* die Freundin, der eigene Ehrgeiz und die Großmutter, insbesondere deren vermutete Bereitschaft, Herrn Meier finanziell zu unterstützen,
- *zukünftige Aufgabe:* sich auf Stellen zu bewerben.

Diese Punkte sowie die eigene Perspektive des Studenten (Fokus) wurden jeweils auf Karten notiert. Ich bat Herrn Meier dann, diese Karten einzeln auf den Boden so zu platzieren, wie es seinem inneren Bild bzw. seinem Gefühl entspräche. Daraus entstand die folgende Anordnung:

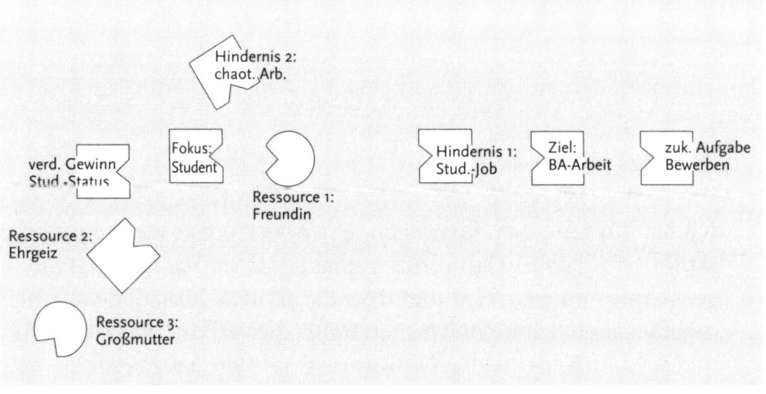

Aufstellungsbild 1

Wir besprachen das Aufstellungsbild. Es wurde Herrn Meier deutlich, dass er seine Freundin zwar als Ressource nannte, dass er mit ihr in letzter Zeit aber einige Auseinandersetzungen hatte, und so legte er die Karte mit ihrer Position in Konfrontation zu sich selbst auf den Boden. Obwohl sie ihm ihre Hilfe beim Ordnen seines »Chaos« anbot, lehnte er diese mehrmals ab. Im Gespräch wurde offenbar, dass er überlegte, ihre Hilfe doch noch anzunehmen. Ich lud ihn ein, mal hypothetisch davon auszugehen, der Konflikt sei nach einem Gespräch mit der Freundin geklärt und er könne nun – so wie es für ihn und sie passend sei – die Unterstützung annehmen. Dann bat ich ihn zu überlegen, was sich an der Aufstellung verändern würde. Er nahm die Karte »Freundin« und legte sie neben sich. Auf meine Frage, wie das jetzt für ihn sei, betonte er, dass es auf jeden Fall besser sei. Ob sich durch diese Veränderung noch etwas verschieben würde, fragte ich weiter. Nach längerem Überlegen legte Herr Meier die Karte »chaotisches Arbeiten«, die im ersten Bild nahezu zwischen ihm und seiner Freundin lag, hinter sich und seine Freundin. Und so ergab sich das zweite Aufstellungsbild:

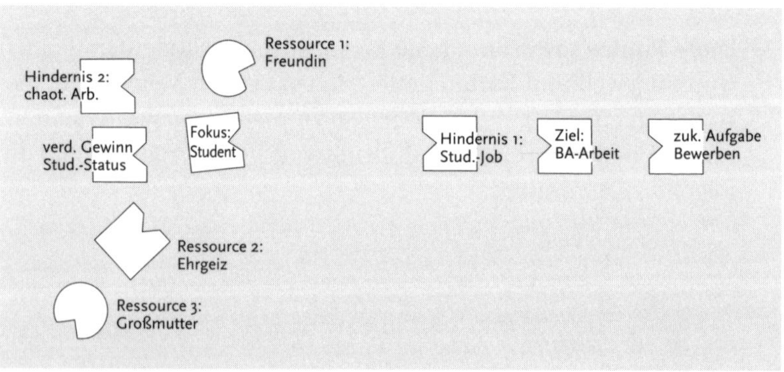

Aufstellungsbild 2

Ich bat ihn erneut zu überlegen, ob er noch etwas verändern oder erproben möchte. Daraufhin signalisierte er, dass er eigentlich gerne mit seiner Großmutter über die aktuelle Situation sprechen möchte, aber sich nicht wirklich traue, dies zu tun. Es schien ihm unangenehm, denn die Großmutter sei, wie er, ebenfalls sehr ehrgeizig und habe hohe Leistungsansprüche. Ich bat ihn, seine Karte *(Fokus)* vor jene der Großmutter zu legen und darüber nachzudenken, wie er ihr sagen könnte, was passiert sei, und wie sie darauf wohl reagieren würde. So ergab sich das folgende dritte Aufstellungsbild:

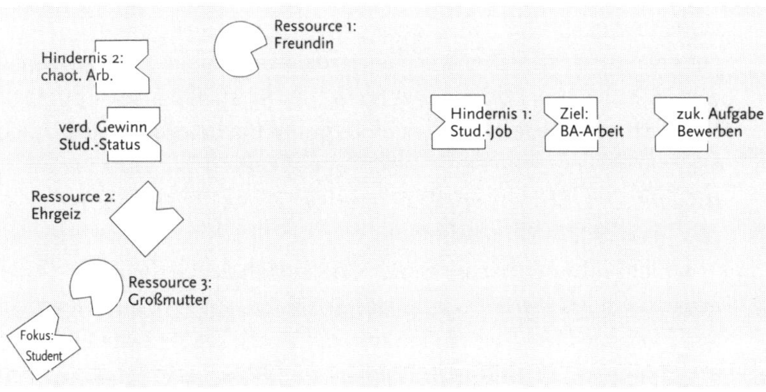

Aufstellungsbild 3

Etwas überrascht über sich selbst, sagte der Student, dass die Großmutter wahrscheinlich sofort finanzielle Hilfe anbieten würde. Er sei sich aber nicht sicher, ob er diese annehmen möchte. Ich fragte: »Mal angenommen, Sie würden diese – vielleicht für eine begrenzte Zeit – annehmen, was würde sich dann an der Aufstellung ändern?« Daraufhin nahm der Student seine Karte *(Fokus)* und die Karte der Großmutter und veränderte die Positionen. Außerdem legte er die Karte »Studenten-Job« so um, dass sich das folgende vierte und abschließende Aufstellungsbild ergab:

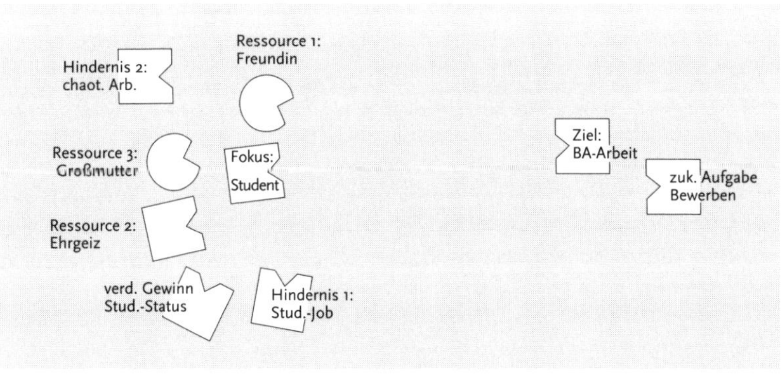

Aufstellungsbild 4

Ich fragte Herrn Meier dann, wie ihm dieses Bild gefalle. Er äußerte sich sehr zufrieden: Nun könne er von seiner Position aus das Ziel klar sehen, auch die zukünftige Aufgabe sei sehr deutlich im Blick. Weiterhin sei er froh, dass seine Freundin neben ihm stehe und er mit ihr das »Chaos« beseitigen könne. Besonders angenehm fühle es sich ebenfalls an, dass die Großmutter stützend hinter ihm stehe. Damit seien die seiner Ansicht nach wichtigsten Hindernisse auf dem Weg zu einer guten Bachelorarbeit nur noch als Randthemen präsent, die er aber auf keinen Fall ganz verlieren möchte. Den Studentenjob beispielsweise wollte er zwar reduzieren, aber nicht völlig aufgeben.

Ich bekräftigte abschließend, dass er sich durch die Aufstellung *denkbare Möglichkeiten* erarbeitet hat, wie er sein Problem vielleicht lösen könnte, und dass er sich nun ein wenig Zeit nehmen könnte, um zu Hause genau und in Ruhe zu überlegen, was für ihn zu tun sei und am besten passen würde.

Teil 2: Systemische Aufstellungen in der Sozialen Arbeit

4 Generationenübergreifende Integration und familiäre Bindung – Zum Verhältnis von Bindungstheorie und Systemtheorie

Als Brücke zwischen den systemtheoretischen Präzisierungen der letzten Kapitel und den Beiträgen zur systemischen Aufstellungsarbeit wird im Folgenden ein theoretisches wie praktisches Anwendungsfeld präsentiert. Dadurch soll bereits anklingen, welches Potenzial die Erkenntnisse aus der Aufstellungsarbeit für die Soziale Arbeit haben können. Es geht um die Frage, wie familiäre Bindungen als die unser Leben am stärksten prägenden Sozialbeziehungen verstanden werden können und was das für die sozialpädagogische Familienintervention (etwa in der Kinder- und Jugendhilfe) heißt. Dabei lassen sich vermeintliche Unterschiede und Gemeinsamkeiten zwischen einem bindungstheoretischen und einem systemischen Ansatz reflektieren und neu bestimmen.

Bindungstheorie und Systemtheorie I – ein anachronistischer Gegensatz?

Es wäre anachronistisch, ein Gegensatzverhältnis von Bindungstheorie und Systemtheorie herbeizureden. Glücklicherweise sind die Zeiten vorbei, in denen tiefenpsychologisch orientierte bzw. von der Psychoanalyse kommende Ansätze aus systemtheoretischer Perspektive abgewertet oder als negative Abgrenzungsfolie benutzt wurden. Inzwischen ist ein konstruktiver Dialog zwischen den tiefenpsychologischen und den systemischen Ansätzen in der psychosozialen Praxis angelaufen (siehe etwa König u. Simon 2001). Außerdem beschäftigen sich einschlägige Arbeiten – zugegeben: auf hohem Abstraktionsniveau, aber gerade deshalb in einer der Komplexität der Psychoanalyse gerecht werdenden Weise – mit der systemtheoretischen Rekonstruktion psychoanalytischer Beschreibungen und Erklärungen (siehe etwa Fuchs 1998). Und schließlich referierten auf systemischen Kongressen der letzten Jahre viele Kollegen, die von der Psychoanalyse kommen und die die Bindungstheorie weiterentwickeln oder die versuchen, Freuds Einsichten zu der prägenden Bedeutung der frühen Kindheit für die Sozialisation und zu der Macht des Unbewussten auch neurophysiologisch zu belegen. So waren beispielsweise Daniel Stern, ein bedeutender und einflussreicher Bindungs- und Säuglingsforscher, und Gerhard Roth, ein Neurophysiologe und Philosoph, der zentrale Einsichten Freuds für neurophysiologisch erwiesen hält, Hauptreferenten auf dem »V. Europäischen Kongress für Familientherapie und Systemische Praxis«, der im Oktober 2004 in Berlin stattfand.

Genauso wie die Psychoanalyse und die Bindungstheorie in der Praxis oft trivialisiert werden, so erfährt die Systemtheorie Verkürzungen und Verkehrungen, die diesem transdisziplinären, in der Biologie, der Psychologie und der Soziologie gleichermaßen verankerten Konzept keineswegs gerecht werden. Oft ist es doch so, dass praktische Entscheidungen erst im Nachhinein theoretisch gedeutet bzw. begründet werden. Dabei werden dann die theoretischen Hilfsmittel angewandt, die gerade greifbar oder modisch sind. So scheint der Systembegriff derzeit einer solchen Mode zu entsprechen, der schnell aus der Schublade gegriffen werden kann zur Begründung welcher Entscheidungen auch immer.

Keineswegs sollte die systemtheoretische Sichtweise der bindungstheoretischen entgegengestellt werden. Vielmehr kann gefragt werden, was eine Systemtheorie der familiären Interaktion in den Blick bringt und wie dies in Zusammenhang steht mit bindungstheoretischen Erkenntnissen. Im Anschluss daran ist es dann möglich, Unterschiede zwischen beiden theoretischen Perspektiven zu erkennen.

Familiäre Integration I – ein soziologischer Blick

Mit der Systemtheorie der Familie lässt sich zunächst ein *soziologischer Blick* auf die familiäre Interaktion werfen. Demnach wird deutlich, dass die Familie ein besonderes System in der modernen Gesellschaft darstellt, dessen soziale Funktion von anderen Systemen niemals gänzlich übernommen werden kann. Denn diese soziale Funktion besteht darin, den Menschen ganzheitlich, hinsichtlich sämtlicher Persönlichkeitsanteile zu integrieren (vgl. Luhmann 1990b; Kleve 2004; Schuldt 2004). Die moderne Gesellschaft ist hinsichtlich ihrer anderen sozialen Funktionssysteme (etwa Wirtschaft, Politik, Bildung/Erziehung, Wissenschaft, Recht etc.) von Einbindungs- bzw. *Inklusions*logiken gekennzeichnet, die dazu führen, dass immer nur ganz bestimmte Ausschnitte des Persönlichen eines Menschen in die Kommunikation eingebunden werden. Diese Einbindung ist also höchst selektiv.

Im Gegensatz dazu bietet die Familie eine generalisierte Einbindung, die alle biologischen, psychischen und sozialen Bedürfnisebenen gleichermaßen umfasst. Diese ganzheitliche Integration ist Voraussetzung für das, was die Bindungstheorie beschreibt: die verschiedenen Typen der Interaktionen zwischen Eltern und Kindern und die daraus entstehenden Bindungsvarianten.

Das Modell für die Betrachtung und Bewertung von kindlichen Bindungsmustern und entsprechenden Verhaltensweisen ist also das idealtypische Familienmodell der modernen Gesellschaft, das die volle soziale Integration des Kindes mit ihren entwicklungsfördernden biologischen und psychischen Folgen verdeutlicht. Davon ausgehend, können wir dann Bindungsauffälligkeiten abgrenzen, die auf problematische soziale Integrationen mit all ihren biologischen und psychischen Wirkungen verweisen. Von dieser systemtheoretischen Perspektive aus kann schließlich gefragt werden, ob die Funktion der ganzheitlichen Integration des Individuums in einer jeweiligen Familie erfüllt wird, ob – konkreter gesagt – alle biologischen, psychischen und sozialen Bedürfnisse eines Kindes in der Familie befriedigt werden (können) oder nicht.

Familiäre Integration II – ein sozialpsychologischer Blick

Neben dem eher soziologischen Blick der Systemtheorie auf die Integration des Einzelnen (etwa des Kindes) in der Familie bietet es sich an, mithilfe des systemischen Ansatzes einen eher *sozialpsychologischen Blick* auf die familiäre Interaktion zu werfen. Aus dieser Perspektive können die innerfamiliäre Integration und Dynamik über mehrere Generationen hinweg betrachtet werden. Dabei geraten all die Phänomene in den Blick, mit denen sich die systemische Familientherapie beschäftigt. Hier sind freilich die Bindungen zentrale Kategorien, und zwar die Bindungen zwischen allen Familienmitgliedern der Gegenwart und der Vergangenheit – zwischen denen, die leben, aber auch zwischen den Lebenden und den bereits Verstorbenen.

Gerade die *mehrgenerationale Familientherapie*, wie sie von Ivan Boszormenyi-Nagy und Geraldine M. Sparks (1973) mit dem inzwischen zum Klassiker avancierten Werk *Unsichtbare Bindungen. Die Dynamik familiärer Systeme* begründet wurde, verdeutlicht die gegenseitigen Verstrickungen der Familienmitglieder quer mit den verschiedenen lebenden, aber auch bereits verstorbenen Generationen. Boszormenyi-Nagy und Sparks haben, aufbauend auf ihrer klinischen Praxis, herausgearbeitet, wie ein familiäres Gewissen in jedem einzelnen Familienmitglied wirkt und dafür sorgt, dass die Loyalität zur Familie, insbesondere zu den Eltern, ein äußerst prägendes und stabiles psychoemotionales Element im Leben eines jeden Menschen darstellt; und dies scheint nicht nur psychosozialen Ursprungs, sondern vielmehr biologischer Natur zu sein, also aus der genetischen Abstammung bzw. der »Blutsverwandtschaft« zu resultieren. »In gewissem Sinne ist das existenziell Strukturierende der Blutsverwandtschaft unabänderlich« (ebd., S. 32). Und so bewirken familiäre Trennungen tiefgehende Krisen, die nie gänzlich lösbar erscheinen.

> »Familien, die sich mit der bevorstehenden oder vollzogenen Trennung eines ihrer Mitglieder abquälen, werden es sich niemals leisten können, irgendein Mitglied des Systems ›existenziell‹ zu verlieren. Der geschiedene oder fortgelaufene Vater wird im Herzen seiner Kinder als Vater niemals ersetzt werden können. Selbst in Fällen frühzeitiger Adoption beschäftigt die existenzielle Bedeutung der natürlichen Eltern die adoptierten Kinder seelisch ihr Leben lang« (ebd., S. 32 f.).

Wie sichtbar werden kann, erhält die Kategorie der Bindung in der familiensystemischen Betrachtung eine weitaus allgemeiner gefasste Bedeutung als in der Bindungstheorie. Die Bindungen zwischen Mutter/Vater und den Kindern erscheinen hier als eingewoben in die weiteren familiären Bindungen und sind in ihrer Qualität abhängig von den Bindungen der Eltern zu den Großeltern usw. So können solche Bindungsketten sichtbar werden, welche in den letzten Jahren insbesondere durch das systemische Familienstellen aufgezeigt wurden (angeregt durch Bert Hellingers Arbeit, aber vor allem auch in kritischer Distanz zu dieser fragwürdigen und äußerst skeptisch zu betrachtenden Art der Aufstellungen, siehe ausführlicher das fünfte Kapitel).

Beispielsweise ist der Münchner Psychologe Franz Ruppert (vgl. etwa 2005a, b) ein Praktiker und Forscher in Sachen Familienaufstellung, der die Verknüpfung der systemischen mit der bindungstheoretischen Sicht besonders forciert. Ruppert sieht durch die zahlreichen systemischen Familienaufstellungen, die er in den letzten Jahren durchgeführt hat, das bestätigt,

> »was John Bowlby als eine Gesetzmäßigkeit menschlicher Entwicklungsverläufe formuliert hat, dass nämlich die Mutter-Kind-Bindung das ›interne Arbeitsmodell‹ für sämtliche emotional wichtigen Bindungsbeziehungen darstellt, die ein Mensch in seinem späteren Leben eingeht« (2005a, S. 2).

Dieses »interne Arbeitsmodell« wird – natürlich in Abhängigkeit von je aktuellen Beziehungseinflüssen in der Familie und ihrer Umwelt – über Generationen hinweg weitergegeben und immer wieder erneut aktualisiert.

Zusammenfassend gesagt, die mehrgenerationale Betrachtung der Familie verdeutlicht die Bindungsketten, die quer durch die familiären Generationen laufen. Somit können aktuelle familiäre Themen vor dem Hintergrund der näheren und weiteren familiären Vergangenheit betrachtet und therapeutisch bearbeitet werden. An diesem Punkt zeigt sich, wie diese familiensystemische Perspektive mit der Vergangenheitsschau der Psychoanalyse korreliert. Beide Ansätze beobachten Wiederholungen, wiederkehrende Muster der Interaktion (psychoanalytisch ausgedrückt: *Übertragungen*) zwischen den Familienmitgliedern. Die Frage, die sich in der Praxis stellen lässt, ist, ob die Protagonisten (im Bereich der Kinder- und Jugendhilfe: insbesondere die Eltern) bereit sind, problematische Wiederholungen und Muster im Interesse ihrer Kinder zu hinterfragen und konstruktiv zu verändern. Dies wäre jedenfalls der ideale Weg. Aber auch dann, wenn dies nicht möglich wird und Kinder aus Familien herausgenommen werden (müssen), weil ihre körperliche, psychische und/oder soziale Entwicklung in den Familien nachhaltig bedroht ist, ergibt sich hinsichtlich der familiären Problematik noch keine Lösung.

Das Kind und die Eltern bleiben »verstrickt«. Diese »Verstrickung« erscheint häufig nur lösbar *mit* den Eltern – im Kontakt des Kindes mit denen, die ihm das Leben gegeben haben. Dies bedeutet letztlich, dass auch bei der Kindesherausnahme die Arbeit an der Beziehung zwischen Eltern und Kind weitergehen, ja noch intensiviert werden muss. Aus sozialpädagogischer Sicht verdeutlich dies auch Klaus Wolf (2005), der es als eine Aufgabe der fachlichen Arbeit mit fremd untergebrachten Kindern ansieht, dass eine »Versöhnung mit den Eltern« (S. 13) angestrebt wird:

> »Kinder, die nicht bei ihren Eltern aufwachsen können, erleben das fast immer als gravierende Abweichung von der Normalität, und sie

> stehen immer vor der Aufgabe, eine Erklärung dafür zu finden. Hierfür benötigen sie Ressourcen, etwa indem sie immer wieder über dieses Thema sprechen können, ohne dass die Eltern noch zusätzlich verächtlich gemacht werden, und indem um Verständnis für die schwierige Situation der Eltern geworben wird und zugleich ihr Gefühl, verlassen und verraten worden zu sein, akzeptiert wird, und vielleicht indem eine vorsichtige neue Annäherung konstruktiv moderiert wird. Nur die Einrichtung ist ein guter pädagogischer Ort, einer, an dem das Aufwachsen gut gelingen kann, an dem sie solche Möglichkeiten finden« (ebd., S. 14).

Ähnliches gilt, wie Wolf weiter ausführt, für Kinder, die in Pflegefamilien leben.

Was auf gar keinen Fall geschehen darf, ist, dass die professionellen Fachkräfte eine Position dem Kind gegenüber einnehmen, mit der die Eltern abgewertet werden. Dies würde das Kind in Loyalitätskonflikte stoßen, ja gegen das verinnerlichte familiäre Gewissen im Sinne von Boszormenyi-Nagy und Sparks verstoßen und destruktiv wirkende innerpsychische oder soziale Ambivalenzen auslösen.

Bindungstheorie und Systemtheorie II – ein aktueller Gegensatz?

Vielleicht sind wir jetzt genau an dem Punkt, an dem sich eine psychoanalytische bzw. klassisch bindungstheoretische Sichtweise und ein familiensystemischer Blick widersprechen können. Aus familiensystemischer Sicht ist die Herausnahme eines Kindes aus der Familie in der Regel die denkbar schlechteste Option, obwohl sie freilich nicht immer verhindert werden kann, sondern in bestimmten Fällen notwendig ist. Aber dennoch, nach einer solchen Herausnahme ist das Problem nicht gelöst, im Gegenteil: Die eigentliche Arbeit – nicht nur mit dem Kind, sondern auch mit den Eltern, die dem Kind in ihrer existenziellen und auch biologischen Bedeutung niemals ersetzt werden können – beginnt nun erst, was hier jedoch nicht vertieft werden kann (siehe weiterführend dazu etwa Durrant 2004; Moos u. Schmutz 2005).

Die bessere Alternative ist aus familiensystemischer Sicht allerdings, wenn – gerade in Fällen, in denen es um die Gefährdung des Kindeswohls geht – das Jugendamt seine Wächterfunktion ernst nimmt, um die Funktionen von Kindesschutz und Elternkontrolle konsequent auszufüllen. Gerade hinsichtlich von Familien, die eher Bindungsmuster realisieren, die Kinder in ihrer Entwicklung gefährden, besteht die Chance, dass das Jugendamt als äußere Institution der Kontrolle, des Drucks und des Kinderschutzes durch seine Interventionen eine innerfamiliäre Krise auslöst (zum Beispiel durch häufige Hausbesuche; klare Verbalisierung dessen, was sich verändern muss; klare und transparente Darstellung der Konsequenzen für die Familie – etwa Herausnahme der Kinder und Fremdunterbringung –, wenn sich nichts verändert).

Gerade in solchen Krisen können sich Muster verändern. Natürlich nicht im Selbstlauf, sondern unterstützt von Fachkräften freier Träger, die der Familie eine verbindliche Kooperation anbieten und daran arbeiten, dass sich neue, konstruktivere Muster der familiären Interaktion entwickeln können (vgl. Kleve 2007a, S. 131 ff.). Eine solche Arbeit setzt allerdings eine hohe Zeit- und Beziehungsintensität im professionellen Kontakt mit der ganzen Familie voraus. Ein Praxisbeispiel, welches genau eine solche Arbeit realisiert, und hier lediglich erwähnt werden kann ist das »Triangel-Projekt«, das in den letzten Jahren vom Psychologen und systemischen Familientherapeuten Michael Biene in Berlin entwickelt wurde und derzeit recht erfolgreich vor allem in der Schweiz implementiert wird (vgl. Kleve 2007a).

5 Vom Einbeziehen des Ausgeschlossenen – Systemische Aufstellungsarbeit und ihr Nutzen für die Theorieentwicklung Sozialer Arbeit

»Ordnung und Fülle

Ordnung ist die Art und Weise,
wie Unterschiedliches zusammenwirkt.
Ihr eignen daher Vielfalt und Fülle.
Sie steht im Austausch, eint das Verstreute
und sammelt es in den Vollzug.
Ihr eignet daher Bewegung.
Sie bannt Vergängliches in eine Form,
die Fortbestand verheißt.
Ihr eignet daher Dauer.
Doch wie ein Baum, bevor er fällt,
aus sich die Frucht entlässt, die ihn überdauert,
geht auch die Ordnung mit der Zeit.
Ihr eignen daher Erneuerung und Wandel.
Ordnungen, die leben,
schwingen und entfalten sich.
Sie treiben uns und nehmen uns in Zucht
durch Sehnsucht und durch Furcht.
Indem sie Grenzen setzen, geben sie auch Raum.
Sie liegen jenseits dessen, was uns trennt.«
Bert Hellinger (2003, S. 45 f.)

Welche Potenziale bieten nun systemische Aufstellungen – sowohl in theoretischer als auch in praktischer Hinsicht? Diese Frage soll im Folgenden gestellt und für das Feld der Sozialen Arbeit beantwortet werden. Beeindruckt von den Möglichkeiten und theoretischen Erkenntnisgewinnen, die Aufstellungen bieten, verbinde ich mit diesem Kapitel den Vorschlag, die Aufstellungserkenntnisse in die Theorie der Sozialen Arbeit, insbesondere in das systemisch-konstruktivistische Paradigma, zu integrieren. Denn mit den theoretischen Erträgen aus der Aufstellungsarbeit können die systemische Ordnung und systemische Dynamik sozialer Systeme (insbesondere von Familien, Teams und Organisationen) in äußerst passender Weise verstanden werden – auch hinsichtlich konstruktiver Interventionsmöglichkeiten, die weit über die Arbeit mit Aufstellungen hinausgehen. Insbesondere das Verfahren der systemischen Strukturaufstellung, das Matthias Varga von Kibéd und Insa Sparrer entwickelt haben, lässt sich äußerst gewinnbringend mit den systemtheoretischen Grundlagen der Sozialen Arbeit verbinden, wie sie in den ersten Kapiteln dieses Buches veranschaulicht wurden.

Ausgangspunkte – Aufstellungen als umstrittenes systemisches Erfolgsprogramm

Startpunkt des Erfolgs von Aufstellungen war der von Gunthard Weber 1993 beim Carl-Auer Verlag (Heidelberg) herausgegebene und nicht unumstrittene Bestseller *Zweierlei Glück*, in dem die von Weber als »systemische Psychotherapie« bezeichnete Aufstellungsarbeit von Bert Hellinger anhand von Therapie- und Workshopmitschriften präsentiert wird. Zuvor war die Arbeit Hellingers lediglich einem kleinen Kreis von Therapeuten und Klienten bekannt, weil sich der Protagonist systemischer Aufstellungsarbeit weigerte, Schriften über seine Arbeits- und Sichtweisen zu publizieren. Denn Hellinger vertrat die Auffassung, dass »[d]er Geist weht«, wie Weber (1993, S. 15) referiert.

> »Schriftlich Geronnenes verliert allzu leicht den Bezug zum Lebendigen, wird verdinglicht, vereinfacht, unreflektiert verallgemeinert und so zu Schablonen und Leersätzen« (ebd.).

Aus heutiger Sicht erscheint diese Skepsis hinsichtlich des Veröffentlichens wie eine weise Vorahnung all dessen, was dann tatsächlich an Angriffen und Anfeindungen gegen die Denk- und Vorgehensweise Hellingers publiziert wurde (als Beispiel Goldner 2003).

Mir geht es hier nicht darum, die Berechtigung vieler Stimmen gegen Hellinger oder die Fehlinterpretationen seiner Sichtweisen durch Kritiker zu diskutieren oder zu bewerten (dazu etwa Nelles 2005; oder Weber, Schmidt u. Simon 2006), habe ich doch selbst die u. a. von der Systemischen Gesellschaft (SG) initiierte kritische Abgrenzung von Aspekten seiner Arbeit, sogenannte »Potsdamer Erklärung zur systemischen Aufstellungsarbeit« unterschrieben (siehe unter: http://www.systemische-gesellschaft.de/presse.php?y=2&mod=single&pfi_id=24 [22.3.2011]). Vielmehr plädiere ich dafür, dass nach den jahrelangen Grenzziehungen des systemisch-konstruktivistischen Lagers gegenüber dem systemisch-phänomenologischen Feld, das Hellinger und seine Schüler initiiert haben, Türen geöffnet werden. Zu wichtig und bahnbrechend erscheinen mir die Erträge der systemisch-phänomenologischen Beratung und Therapie, als dass wir sie diffamierend als hinterwäldlerische Ideologie ignorieren könnten. Im Gegensatz zu dieser Abwertung vertrete ich mit diesem Beitrag die These, *dass die systemische Aufstellungsarbeit nicht nur als Methode, sondern auch als Beitrag zur Theorienentwicklung Sozialer Arbeit gewürdigt werden kann.*

Sozialarbeiterinnen und Sozialarbeiter haben in ihrer Arbeit vor allem mit sozialen Mikro- und Mesosystemen zu tun, etwa mit Paaren, Eltern-Kind-Beziehungen, kurz: mit Familien sowie mit Organisationen unterschiedlicher Art. Vor allem beschäftigen sie sich mit Problemen und den sozialen Strukturen, die diese Probleme entstehen lassen, aufrechterhalten und bestenfalls wieder lösen können. Zudem sind Praktiker der Sozialen Arbeit äußerst ambivalenten Wirklichkeiten ausgesetzt mit zahlreichen nur schwer zu vereinbarenden Widersprüchen (etwa Kleve 2007d, 2000a), die es kreativ zu entfalten gilt (Kleve 2007a). Für all diese sozialarbeiterischen Aufgabenfelder bieten Aufstellungen unzählige, ja ungeahnte Deutungs- und Handlungsmöglichkeiten. Gerade wenn man die Dynamik unterschiedlichster systemischer Strukturen verstehen und hinsichtlich Interventionsmöglichkeiten einschätzen will, eignen sich systemische Aufstellungen und die ihnen zugrunde liegenden Prinzipien und Annahmen vortrefflich (dazu bereits Knorr 2004).

Systemisch-konstruktivistische Strukturaufstellungen als Innovation

Bereits seit Jahren sind Protagonisten unterwegs, um den systemisch-phänomenologischen Ansatz mit der konstruktivistischen Perspektive zu verbinden, ja zu versöhnen. Allen voran sind hier Insa Sparrer und Matthias Varga von Kibéd zu nennen, die in zahlreichen Publikationen vorführen, wie das systemische Familien- und Organisationsstellen (instruktiv dazu auch Weber 2000, 2002) konstruktivistisch gerahmt und in eine beeindruckende Grammatik der »Systemischen Strukturaufstellungen«, die die beiden Münchner Systemiker entwickelt haben, eingeordnet werden kann (dazu Varga von Kibéd u. Sparrer 2009; Sparrer 2004; 2006; 2007). Nach meiner Einschätzung handelt es sich bei den methodischen und theoretischen Entwicklungen von Sparrer und Varga von Kibéd um Innovationen im systemischen Feld, die geradezu paradigmatisch sind und vielleicht verglichen werden könnten mit Arbeiten anderer Protagonisten der Systemtheorie, etwa mit jenen Paul Watzlawicks, Virginia Satirs oder Helm Stierlins. Mich beeindruckt die methodische Kreativität und theoretische Disziplin, mit denen die Begründer der »Systemischen Strukturaufstellungen« ihr Verfahren entwickeln, fundieren und präsentieren. Denn dabei tauchen ungeahnte Möglichkeiten auf, die systemische Sichtweise neu zu rahmen und in der Praxis möglicherweise so gewinnbringend, reichhaltig und konstruktiv-verstörend wie lange nicht mehr zu nutzen.

Mit »Systemischen Strukturaufstellungen« lassen sich nicht nur Familien, Teams oder Organisationen betrachten und modellieren, sondern auch abstraktere systemische Strukturen, etwa Problemkonstellationen (Problemaufstellung, Zielannäherungsaufstellung), Perspektivenerweiterungen in widersprüchlichen Situationen (Tetralemmaaufstellung) oder die Teile eines lösungsfokussierten Gesprächs (das Ziel, das Wunder und der Kontext des Wunders) nach Steve de Shazer und Insoo Kim Berg (dazu Sparrer 2007). Varga von Kibéd und Sparrer haben eine Vielfalt unterschiedlichster Aufstellungsformate entwickelt (zur Übersicht Varga von Kibéd u. Sparrer 2009, S. 171 ff.), die miteinander verbunden sind durch gemeinsame theoretische Prinzipien und Annahmen, die weiter unten erläutert werden. Ich kann hier auf diese Vielfalt nicht näher eingehen, sondern werde mich im Folgenden eher auf Aufstellungen von Personensystemen (Familien, Teams und Organisationen) beziehen.

Um die Aufstellungsmethode knapp zu verdeutlichen, werden zunächst einige allgemeine Ausführungen zur Aufstellungsarbeit als Simulation sozialer Systeme präsentiert, bevor ich zu den theoretischen Erkenntnissen dieser Arbeit übergehe. Eines möchte ich jedoch bereits hier vorausschicken, nicht zuletzt, um den Titel meines Textes zu erklären: Eine zentrale theoretische Erkenntnis der Aufstellungsarbeit ist, dass es für die Dynamik von sozialen Systemen, deren Mitglieder sich in Probleme verstrickt haben, äußerst gewinnbringend sein kann, wenn es möglich wird, bisher ausgeschlossene, aber relevante bzw. eigentlich dazugehörige Personen oder bisher ausgeschlossene, aber wichtige Themen einzuschließen. Varga von Kibéd und Sparrer (ebd., S. 66 ff.) betrachten daher auch die von ihnen entwickelte Aufstellung der Ausgeblendeten bzw. des ausgeblendeten Themas als eine

Grundform, die in allen komplexeren Aufstellungen vorkommt. Bei dieser Aufstellung werden lediglich drei Teile aufgestellt, erstens: die Perspektive, Fragestellung bzw. das Anliegen des Klienten (genannt der Fokus); zweitens: das präsentierte bzw. offizielle Thema; und drittens: das ausgeblendete Thema bzw. »das, worum es auch noch geht«.

Das Einschließen des Ausgeschlossenen ist auch Anliegen dieses Beitrages; denn mit ihm wird intendiert, die bisher aus der systemischen Sozialen Arbeit eher ausgeschlossenen Thesen der systemisch-phänomenologischen Arbeit einzuschließen. In einer konstruktivistischen Rahmung können diese Thesen einen gewichtigen Beitrag leisten, um die systemische Soziale Arbeit, die in den letzten Jahren zu einem äußerst vielversprechenden Theorie- und Methodenrahmen geworden ist (etwa Hosemann u. Geiling 2005; Ritscher 2006), in ihrer Erkenntnis- und Interventionskraft nachhaltig zu stärken.

Systemische Aufstellungen als Methode zur Simulation sozialer Systeme

Aufstellungen als körper- und erfahrungsorientierte Gruppenverfahren

Wie andere körper- und erfahrungsorientierte Verfahren auch – etwa das Psychodrama oder die Arbeit mit Familienskulpturen, die als Vorläufer von systemischen Aufstellungen betrachtet werden können – ist das Aufstellen eine Gruppenmethode. Die Einzelheiten dieser Methode, etwa die verschiedenen Interventionsformen der Stellungs- und Prozessarbeit, sollen hier nicht vertieft werden (dazu z. B. Sparrer 2006, 2007). Zu komplex ist die Vielfalt an kreativen problemlösenden Prozessen, die hierbei möglich ist, als dass sie in einem knappen Text vorgestellt werden könnte. Deshalb werden nur einige grobe, eher grundsätzliche Erläuterungen zum Verfahren ausgeführt.

Aufstellungen laufen in der Regel in einem Kreis von mehreren Personen, in Klein- oder Grußgruppen, ab. Gruppenteilnehmer, die ein Anliegen hinsichtlich eines sozialen Systems (z. B. ihrer Familie oder ihres Arbeitsteams) bedrückt, werden vom Aufstellungsleiter (dem Moderator, Berater, Therapeuten oder Supervisor) eingeladen, ihr inneres Bild vom System mit anderen Gruppenteilnehmern in den Raum zu stellen. Ausgehend von einer Fragestellung, die der Aufstellungsleiter zuvor mit dem Klienten differenziert, positioniert der Klient Gruppenteilnehmer im Raum als Stellvertreter für die tatsächlichen Systemmitglieder. Dabei hat er die Möglichkeit, zwei Variablen zu beeinflussen: zum einen die Position, also die Nähe oder die Distanz bzw. den Abstand der Personen, und zum anderen den Winkel der Personen zueinander. Weitere Aspekte werden nicht modelliert. Die Stellvertreter, die auch als Repräsentanten bezeichnet werden, müssen nicht, wie dies im Psychodrama oder bei der Arbeit mit Skulpturen üblich ist, »eingerollt« werden; sie bekommen also keine näheren Informationen über die Personen bzw. Systemmitglieder, für die sie stehen. Ganz im Gegenteil, je mehr Informationen sie über diese Personen hätten, desto schwerer könnte es ihnen fallen, sich auf das einzulassen, was Aufstellungen auszeichnet und was nach wie vor als sehr erstaunlich bewertet werden kann: die repräsentierende Wahrnehmung.

Repräsentierende Wahrnehmung

In allen oben genannten Publikationen von Varga von Kibéd und Sparrer wird dieses Phänomen ausführlich beschrieben. Es besteht darin, dass die aufgestellten Stellvertreter Wahrnehmungen artikulieren, über die die Klienten regelmäßig sagen, dass sie sie an Äußerungen oder Zustände von Mitgliedern des repräsentierten Systems erinnern. Insofern können wir vielleicht sagen, dass Aufstellungen wie Kopien von Originalsystemen wirken (Baecker 2007).

Das Bild, das ein Klient zunächst aufstellt, also das Anfangsbild von Nähe und Distanz sowie von den Winkeln der Stellvertreter zueinander, kann in jeder Aufstellung als ein Test gelten, der deutlich macht, ob die Aufstellung etwas von dem System repräsentiert, um das es dem Klienten geht. Denn nachdem der Klient dieses System durch die Positionierung der von ihm aus der Gruppe gewählten Stellvertreter modelliert hat, befragt der Aufstellungsleiter die Repräsentanten nach Veränderungen ihrer Wahrnehmungen durch das Aufstellen. Die Repräsentanten äußern dann, wie es ihnen erging, als sie aufgestellt, als sie zu den anderen bereits hingestellten Personen gruppiert wurden oder als andere Personen dazukamen. Insofern bezieht sich die

> »repräsentierende Wahrnehmung [...] auf den Gruppenkörper der RepräsentantInnen als Wahrnehmungsorgan, gestellt aus der Perspektive der KlientIn. Die repräsentierende Wahrnehmung besteht aus den repräsentierten Empfindungen der RepräsentantInnen und der Form der Darstellung durch die KlientIn« (Sparrer 2006, S. 18).

Das Erstaunliche an Aufstellungen ist also, dass die Stellvertreter regelmäßig in ähnlicher Weise empfinden wie die tatsächlichen Systemmitglieder, die sie repräsentieren. Jedenfalls wird dies von den Klienten und Aufstellungsleitern geäußert, in nahezu allen Publikationen zu Aufstellungen immer wieder herausgestellt und inzwischen auch durch eine umfangreiche empirische Studie von Peter Schlötter (2005) bestätigt.

Nur dann, wenn ein Klient in der Aufstellung bzw. in den geäußerten Wahrnehmungen der Stellvertreter Aspekte »seines« Systems wiederfindet, kann er in der Regel die folgende Arbeit mit der Aufstellung annehmen und für sich nutzen. Wenn die repräsentierende Wahrnehmung nicht möglich wird, d. h., wenn dem Klienten die Äußerungen der Repräsentanten fremd bleiben, wird die Aufstellung keinen Effekt für ihn haben. Dann kann sie abgebrochen oder gegebenenfalls neu durchgeführt werden. Die Frage, wie das überraschende Phänomen der repräsentierenden Wahrnehmung erklärbar ist, thematisieren inzwischen zahlreiche Forschungsarbeiten (aktuell dazu Groth u. Stey 2007). Dabei werden beispielsweise Thesen des Biologen Rupert Sheldrake (z. B. 2003) über mentale Felder, die bekannte Idee Carl Gustav Jungs (z. B. 1934) über das kollektive Unbewusste oder soziologische Erklärungen zur Selbstähnlichkeit von sozialen und räumlichen Strukturen (Baecker 2007) herangezogen.

Aufstellungen als allparteiliche Systemintervention

Die Arbeit mit der Aufstellung, die sich an die Betrachtung des Anfangsbildes und das Anhören der Wahrnehmungen der aufgestellten Personen anschließt, ist ein komplexer Prozess, der vor allem mithilfe von Ergänzungen von Systemmitgliedern, Umstellungen (Stellungsarbeit) und verbalen Interaktionen (gesprochenen Sätzen) zwischen den Repräsentanten (Prozessarbeit) abläuft. Die Ergänzungen, Umstellungen und die Sätze, die die Repräsentanten während einer Aufstellung nach Vorschlägen des Aufstellungsleiters äußern, haben das Ziel, dass jeder aufgestellte Repräsentant eine Verbesserung seines Zustandes wahrnimmt. Eine Aufstellung ist demnach ein allparteilicher Vorgang, mit dem intendiert wird, dass jedes Systemmitglied spürt, dass sich im System etwas in konstruktiver Weise löst, das ihn selbst betrifft und seine Situation verbessert.

Daher geht mit der repräsentierenden Wahrnehmung ein zweiter Aspekt einher, dass nämlich die erwähnten Interventionen (Stellungs-

und Prozessarbeit) zu einer Veränderung der Wahrnehmungen, zu anderen Gefühlen oder Körperempfindungen bei den Stellvertretern bzw. den aufgestellten Personen führen. Aufstellungen ermöglichen damit, eine klassische systemische Idee zu spüren, *dass nämlich das, was sich in uns Menschen, in unserer Psyche und unserem Körper zeigt, aufs Engste (strukturell) verkoppelt ist mit dem sozialen Beziehungsgeflecht, in dem wir uns gerade befinden.* Stellungsveränderungen einzelner Personen in der Aufstellung haben Auswirkungen auf die anderen Personen sowie auf die gesamte Dynamik des aufgestellten sozialen Systems.

Interessant an systemischen Aufstellungen ist weiterhin, dass Therapeuten, Berater und Forscher, die sich in den letzten Jahren intensiv mit diesem Verfahren befasst haben, allen voran Bert Hellinger (siehe etwa 1994) selbst, Regeln, Ordnungs- oder Strukturprinzipien gefunden haben, nach denen Aufstellungen gedeutet und so modelliert werden können, dass Lösungen für Systeme bzw. für die Klienten sichtbar werden, die in den realen Systemen dann tatsächlich konstruktive Wirkungen zeigen. Diese Regeln, Ordnungs- und Strukturprinzipien können als zentrale theoretische Erkenntnisse über die Entstehung, Erhaltung, das Wachstum und die Replikation (Fortpflanzung) sozialer Systeme betrachtet werden.

Von der systemisch-phänomenologischen zur systemisch-konstruktivistischen Haltung

Phänomenologische Methode versus konstruktivistisches Denken

Bevor ich zu den erwähnten Regeln, Ordnungs- und Strukturprinzipien komme, muss ein Aspekt angeführt werden, der die Arbeit von Hellinger für systemisch-konstruktivistisch orientierte Praktiker und Theoretiker schwierig macht, nämlich sein Umgang mit den Abstraktionen aus den Aufstellungen. Seine Erkenntnismethode bezeichnet er selbst als »phänomenologisch« – in Anlehnung an die gleichlautende philosophische Tradition (dazu Sparrer 2004, S. 400 ff.). In dem Gesprächsband *Anerkennen, was ist,* den Gabriele ten Hövel gemeinsam mit Hellinger (Hellinger u. ten Hövel 1996, S. 37) publiziert hat, formuliert er:

> »Phänomenologie heißt für mich: Ich setze mich einem größeren Zusammenhang aus, ohne dass ich ihn verstehe. Ich setze mich dem aus, ohne die Absicht, zu helfen, auch ohne die Absicht, etwas zu beweisen.

> Ich setze mich dem aus, ohne Furcht vor dem, was hochkommt. [...] Und dann, während ich mich dem aussetze, kommt blitzartig die Einsicht in etwas, das hinter den Phänomenen liegt.«

Diese Zeilen veranschaulichen Hellingers Art, Aufstellungsphänomene und die dahinterliegenden Prinzipien bzw. *Ordnungen der Liebe* (Hellinger 1994), wie er sie nennt, zu betrachten. Diese sind für ihn Wahrheiten, die sich in einer gegebenen Wirklichkeit dem absichtslosen Beobachter zeigen können, wenn er bereit ist, sie anzuschauen – ohne Furcht und ohne den Willen, etwas zu verändern. Im Gegensatz dazu betrachten der Konstruktivismus, aber auch der kritische Rationalismus nach Karl R. Popper unsere Erkenntnisse von der und über die Welt als Konstrukte oder Hypothesen, die letztlich niemals verifiziert, niemals als wahr bewiesen werden können (ausführlicher Kleve u. Wirth 2009). Bestenfalls passen diese Konstrukte und Hypothesen dafür, Probleme zu lösen, praktische Aufgaben zu bewältigen; ansonsten können wir mit Popper von einer Falsifizierung sprechen, also von einer Untauglichkeit der Hypothesen dafür, die relevanten Fragen zu beantworten, die Probleme zu lösen.

Weiterhin zeigt uns selbst die Geschichte der Naturwissenschaften der letzten gut 100 Jahre (Fischer 2001) eine Erkenntnis, die der Philosoph Immanuel Kant bereits im 18. Jahrhundert formulierte, *dass die Welt nicht einfach erkannt wird, wie sie sich zeigt, sondern dass der Beobachter einen maßgeblichen Einfluss hat auf das, was er zu erkennen trachtet.* Jede Erkenntnis erwächst demnach als ein interaktiver Vorgang zwischen der Welt und dem Beobachter. Insofern ist keine Erkenntnis möglich, die nicht subjektiv, sozial oder kulturell eingefärbt ist. Deshalb verweisen theoretische »Offenbarungen« immer auf diejenigen zurück, die sie formulieren; sie lassen sich niemals nur beziehen auf einen vermeintlichen Gegenstand in der Welt, sondern referieren auf jene, welche diesen Gegenstand beobachten und beschreiben. Der erkenntnistheoretische Begriff der »Selbstreferenz« (etwa Luhmann 1990a) bezeichnet genau diesen Sachverhalt.

Dennoch ist es für Wissenschaftler und Praktiker freilich ausgesprochen wichtig, immer wieder zu versuchen, ihre Beobachtungen in der empirischen Welt so vorurteilsfrei wie möglich zu realisieren. Beobachtetes sollte nicht sogleich erklärt und bewertet werden. Zunächst ist es ratsam, sich den Beobachtungen, so wie sie sich zeigen, auszusetzen, sie zu registrieren und so genau wie möglich zu beschreiben. Dies sprengt zwar nicht den selbstreferenziellen Zirkel des Erkennens, es entfaltet ihn aber offener, freier und erhöht die Wahrscheinlichkeit, dass die Beobachtungen Unerwartetes und Erstaunliches offenbaren. Wenn wir versuchen, in dieser Weise zu beobachten, vergrößern sich die Chancen, dass wir konstruktiv irritiert werden, dass wir etwas erblicken, das relevante Unterschiede bezüglich unseres bisherigen Denkens und Handelns produziert. Mit anderen Worten, das Ideal der Erkenntnisproduktion ist möglicherweise tatsächlich die phänomenologische Haltung. Aber zu glauben, dass diese Haltung mehr als ein unerreichbares Ideal ist, dass sie sich tatsächlich realisieren ließe, wäre angesichts der Erkenntnisse des Konstruktivismus naiv. Wenn wir diese Grenzen der phänomenologischen Schau beachten, dann können wir durchaus mit Oliver König (2004, S. 207) postulieren: »[...] phänomenologisch wahrnehmen, systemisch-konstruktivistisch denken, flexibel auf eine offene Zukunft hin intervenieren«.

In Anbetracht dieser Einschränkungen bezüglich der phänomenologischen Methode wollen wir nun fragen, ob die Erkenntnisse, die aus der Aufstellungsarbeit insbesondere von Hellinger gewonnen wurden, im Sinne des Konstruktivismus und des kritischen Rationalismus als passend erscheinen hinsichtlich der Lösung von Problemen in sozialen Systemen. Wenn dies der Fall sein sollte, worauf nicht nur erste Studien hinweisen (etwa Ruppert 2005a, S. 240 ff., b; und vor allem Schlötter 2005), sondern insbesondere auch die Popularität, die das systemische Aufstellen unter Beratern, Therapeuten und Supervisoren sowie unter Klienten erlangt hat, dann sollten wir uns diese Erkenntnisse genauer anschauen.

Hellingers Erkenntnisse

Wilfried Nelles (2006) bietet eine knappe Zusammenfassung der theoretischen Erträge der systemisch-phänomenologischen Arbeit. In Anlehnung an den Soziologen Karl Otto Hondrich (etwa 2006) betrachtet Nelles die Prinzipien, die regelmäßig in Aufstellungen sichtbar werden und mit denen sich Aufstellungen konstruktiv modellieren lassen, als »elementare Sozialprozesse« bzw. als soziale Gruppenregeln oder Gesetzmäßigkeiten, »die das Überleben von Gruppen sichern und vom Einzelnen tief verinnerlicht sind« (ebd.). Er formuliert also bereits eine Hypothese auf die kausale Frage, warum soziale Systeme durch diese Prinzipien strukturiert sein könnten: weil die Beachtung dieser Prinzipien offenbar wichtig dafür ist, das Überleben von Gruppen zu sichern, und sich diese Prinzipien über Jahrtausende in uns Menschen, die wir unsere Existenz nur in Gruppen erhalten können, fest verankert haben.

Im Einzelnen benennt Nelles vier Ordnungsebenen, die Hellinger in der Arbeit mit Aufstellungen, insbesondere mit Familienaufstellungen, »gefunden« hat: das Primat der Bindung zwischen Menschen in überlebenswichtigen sozialen Systemen (z. B. zwischen Eltern und Kindern); das Prinzip und das Recht der Zugehörigkeit zu sozialen (Bindungs-)Systemen sowie die Unmöglichkeit, diese Zugehörigkeit ohne Weiteres zu negieren; das Gesetz des Ausgleichs von Geben und Nehmen, also die Gegenseitigkeit (Reziprozität) sozialer Beziehungen; die zeitliche Ordnung der Systemmitglieder und zwischen unterschiedlichen, aber zusammengehörigen Systemen.

Schnell können wir erkennen, dass es sich bei diesen Prinzipien nicht um grundsätzlich neue Erkenntnisse handelt. Die Psychologie beschäftigt sich spätestens seit John Bowlby (z. B. 1979) mit Bindungsphänomenen; die Soziologie thematisiert Systemmitgliedschaften sowie die Austauschprozesse im Rahmen der Reziprozität in sozialen Systemen (Hondrich 2006). Dennoch ist die Art und Weise, wie Hellinger diese Strukturideen erhoben hat, wie er sie beschreibt und in Aufstellungen wieder zu Geltung zu bringen versucht, neu.

Hellinger geht davon aus, dass sich Probleme in Systemen einstellen, wenn diesen Prinzipien durch das Verhalten der Systemmitglieder entgegengewirkt, wenn den Prinzipien nicht entsprochen wird. Also bemühen sich Aufsteller, diese Ordnungen in Systemen wiederherzustellen. Sie begreifen diese Prinzipien demnach als Beschreibungen der Wirklichkeit, die es anzunehmen, zu akzeptieren gilt. Von dieser Deutung der Prinzipien unterscheidet sich jedoch die konstruktivistische Betrachtung und Auslegung der Systemprinzipien.

Aufstellungserkenntnisse im konstruktivistischen Rahmen

Im Sinne einer konstruktivistischen und kritisch-rationalen Haltung können wir die Systemprinzipien, die ich noch ausführlicher beschreiben und erklären werde, als theoretische Hypothesen bewerten. Sie haben damit immer vorläufigen Charakter und sind weder als deskriptive (die Wirklichkeit beschreibende) noch als präskriptiv-normative (vorschreibende) Sätze zu verstehen, sondern bestenfalls als *kurative Vorschläge*. Varga von Kibéd und Sparrer (2009) sprechen davon, dass die von ihnen aus der Arbeit Hellingers entwickelten Metaprinzipien und Grundannahmen heilsame, also kurative, die sozialen Systeme konstruktiv in Richtung Lösung anregende Eigenschaften besitzen können.

Ausdrücklich betone ich deshalb, dass es sich bei diesen Prinzipien und Annahmen um theoretische Deutungen handelt, um konstruierte Beschreibungen und Erklärungen. Mit solchen theoretischen Deutungen können wir dann eine *Als-ob-Strategie*, ironisch ausgedrückt: eine Mogelei (vgl. Kleve 2007a, S. 86 ff.) realisieren: Wir können beim Verstehen und Intervenieren in Bezug auf Probleme in sozialen Systemen in spielerisch-kreativer, undogmatischer, kurz: hypothetischer Weise so tun, als ob diese Metaprinzipien und Grundannahmen gälten, um dann zu sehen, wie weit wir damit kommen, ob sich damit Lösungen initiieren lassen. Sollten sich Lösungen einstellen, dann offenbart dies jedoch nicht die Wahrheit der Erkenntnisse, sondern lediglich ihre Passung in einem ganz konkreten Fall. Aber nun zu diesen von Varga von Kibéd und Sparrer (ebd., S. 181 ff.) als Metaprinzipien und Grundannahmen bezeichneten theoretischen Erkenntnissen aus der Aufstellungsarbeit.

Theoretische Prinzipien und Annahmen der systemischen Aufstellungsarbeit

Metaprinzip des angemessenen Ausgleichs von Geben und Nehmen

Dieses Prinzip wirkt in sozialen Systemen als Garant für die Entstehung von Bindungen zwischen den Systemmitgliedern und ermöglicht Systemstabilisierung. In sozialen Systemen entwickeln sich die Bindungen zwischen den Mitgliedern über Prozesse des Gebens und Nehmens. Je existenzieller diese Prozesse des Gebens und Nehmens sind, je stärker sie also mit Fragen von Leben und Tod verbunden sind (wie etwa in Familien), desto stärker und nachhaltiger entwickeln sich die emotionalen Bindungen. So erscheint die Bindung zwischen Eltern und Kindern als äußerst stark, weil Eltern das Leben selbst an ihre Kinder weitergegeben haben. Hinsichtlich des Lebens können die Kinder nichts an ihre Eltern zurückgeben, was dieser Gabe gleichkäme. Hier erfolgt der Ausgleich von Geben und Nehmen, indem die nächste Generation, also die Kinder der Kinder, mit einbezogen werden, an sie wird das Leben weitergereicht.

Für Hondrich (2006) stellt das Prinzip des Ausgleichs von Geben und Nehmen einen elementaren Sozialprozess dar, der menschliche

Gemeinschaften seit Urzeiten prägt und den er »Prinzip des angemessenen Erwiderns« nennt. In Familien wirkt dieser Sozialprozess über die Generationen hinweg. Die amerikanischen Familientherapeuten Ivan Boszormenyi-Nagy und Geraldine Spark (1973) haben bereits vor Jahrzehnten ein »familiäres Gewissen« diagnostiziert, das anscheinend über die Gerechtigkeit von derartigen Prozessen wacht und noch in späteren Generationen zu Ausgleichsleistungen führt, von denen sich Familienmitglieder unbewusst angetrieben sehen, ohne selbst die Gründe dafür zu kennen. Dieses familiäre oder systemische Gewissen, wie es Nelles (2006) nennt, erscheint wie ein Gleichgewichtssinn in sozialen Systemen. Es führt offenbar häufig dazu, dass es zu einem Ausgleich in späteren Generationen vor allem dann kommt, wenn Familienmitglieder in ihrer Familie ausgeblendet, aufgrund ihres Schicksals verleugnet, vergessen, aus dem Gedächtnis der anderen Mitglieder ausgeschlossen werden. So formuliert Hellinger (2004, S. 28) in seiner üblichen, sehr drastischen und zugespitzt normativen Art:

> »Das erste eiserne Gesetz des [systemischen] Gewissens heißt: Niemand, der dazugehört, darf ausgeschlossen werden. Wenn jemand ausgeschlossen wird, dann zwingt dieses Gewissen ein späteres Familienmitglied, diesen Ausgeschlossenen zu vertreten.«

Diese Vertretung des Früheren durch einen Späteren kann als Ausgleich für den Ausschluss des Früheren bewertet werden. An dieser Stelle scheint bereits die erste von vier Grundannahmen auf, zu der wir jetzt kommen.

Erste Grundannahme: Systemexistenz und gleichwertige Zugehörigkeit der Mitglieder

Die Existenz von sozialen Systemen wird durch die Unterscheidung von Dazugehören (Inklusion) und Nichtdazugehören (Exklusion) geregelt. Diese Differenz ist in der Regel eindeutig gesetzt. Dadurch, dass Systemen dieses unterscheidende Setzen gelingt, sichern sie ihren Erhalt durch die gleichwertige Mitgliedschaft der Inkludierten. In Aufstellungen hat sich immer wieder gezeigt, dass soziale Systeme (z. B. Familien, aber auch Teams und Organisationen) dann Probleme entwickeln, wenn bestimmte, eigentlich dazugehörige Personen aus welchen Gründen auch immer ausgeschlossen werden, wenn sie unbeachtet bleiben, nicht einbezogen oder gar vergessen werden. So erscheint es passend, von dem erwähnten systemischen Gewissen auszugehen, das zum Ausgleich des Ausschlusses dazu führt, andere Systemmitglieder in Probleme zu »verstricken«, die auf die Ausgeschlossenen verweisen. Daher ist die erste Hypothese, die in Aufstellungen überprüft wird, ob das Aufstellungsbild und die geäußerten Wahrnehmungen der Stellvertreter auf derartige Systemausschlüsse hinweisen. Sollte dies der Fall sein, kann getestet werden, wie sich die Aufstellung, d. h. die repräsentierte Wahrnehmung der Stellvertreter, verändert bei Ergänzung der ausgeschlossenen Teile. Ein Systemausschluss geht also häufig mit etwas einher, das als »partielle Musterrepräsentation« (Varga von Kibéd u. Sparrer 2009) beobachtet werden kann: Ein Systemmitglied zeigt Probleme im Sinne einer Nachfolgedynamik. Das Mitglied verweist mit seinen Symptomen, die seine Problematik auszeichnen, auf den Ausschluss, es repräsentiert – zumindest teilweise – das ausgeschlossene Mitglied. Sobald dieses Mitglied in der Aufstellung ergänzt wird, berichten die Stellvertreter oft von Verbesserungen ihres Befindens.

Interessant ist hier, dass es in »Systemischen Strukturaufstellungen« nicht darauf ankommt, dass der Klient sofort weiß, um wen es sich bei dem Ausschluss handelt; vielmehr erscheint die Stellungs- und Prozessarbeit, die nach einem vermuteten Systemausschluss folgt, nicht unbedingt auf einer inhaltlichen, sondern auf einer strukturellen Ebene kurativ, also heilsam, lösend zu wirken. Daher gelten diese Prinzipien und Annahmen auch dann, wenn wir systemische Strukturen, z. B. bestimmte Problemkonstellationen (Problemaufstellung) oder Widerspruchskonstellationen (Tetralemmaaufstellung) aufstellen. Hier kann es sodann zu einem systematisch ambigen Arbeiten oder zu Überlagerungen von verschiedenen Strukturebenen kommen. Sparrer und Varga von Kibéd meinen damit, dass Aufstellungen gleichzeitig auf unterschiedliche systemische Ebenen verweisen, in die ein Klient involviert ist, etwa auf eine bestimmte individuelle Problematik, auf seine Familie, seine Arbeitsorganisation etc. In all diesen Strukturen offenbaren sich mitunter ähnliche Muster.

Zweite Grundannahme: Zeitliche Reihenfolge bei Systemwachstum und Systemreplikation

Systeme scheinen hinsichtlich ihrer Mitglieder sowie untereinander einer zeitlichen Ordnung zu unterliegen. So gilt bei Systemwachstum, also wenn das System um neue Mitglieder erweitert wird, das

Prinzip der direkten zeitlichen Reihenfolge, mithin der Vorrang der früheren Systemmitglieder vor den späteren. Bei der Entstehung bzw. der Ausdifferenzierung eines neuen Systems aus einem alten, also bei Systemreplikation bzw. Systemfortpflanzung, gilt das Prinzip der umgekehrten zeitlichen Reihenfolge, also der Vorrang des jüngeren vor dem älteren System.

Wenn ein System durch Hinzukommen neuer Mitglieder wächst, ist es einer Anpassungskrise ausgesetzt, die sich beispielsweise in einem Raumverlust der früheren Mitglieder zeigt. Diese Mitglieder müssen sich auf den Zuwachs einstellen. Dies gelingt in Systemen eher, wenn den früheren Mitgliedern Vorrang vor den späteren eingeräumt wird, d. h., wenn die früheren bzw. älteren sich in ihrer diesbezüglichen Rolle gesehen, anerkannt, wertgeschätzt fühlen. Wir alle scheinen dies instinktiv zu wissen. Wenn wir etwa als neues Teammitglied oder als neuer Vorgesetzter Veränderungen anstreben, die das, was die älteren Mitglieder bisher erreicht, eingerichtet, etabliert haben, nicht schätzen, können wir mit Widerstand, mit informellen oder formellen Hürden rechnen, die uns in den Weg gelegt werden. Ähnliches gilt freilich in Familien.

Wie dies bereits in der strukturellen Familientherapie von Salvador Minuchin (1977) beschrieben wird, ist es für Familien funktional, wenn sich in ihnen klare Grenzen zeigen, und zwar zwischen den früheren Mitgliedern, den Eltern, und den späteren Mitgliedern, den Kindern. Es wird hier eine eindeutige, unumkehrbare zeitliche Hierarchie sichtbar. Diese Hierarchie wiederholt sich in der Geschwisterfolge: Ältere Geschwister haben eine andere Position als jüngere, und zwar allein dadurch, dass sie vor diesen Mitglieder der Familie waren. In Aufstellungen zeigt sich immer wieder, dass dieses Prinzip nicht nur für Familien, sondern auch für Teams und Organisationen gilt und dass es von den Repräsentanten als problemlösend erlebt wird, wenn diese zeitliche Ordnung in der Aufstellung durch eine Stellungsarbeit etabliert wird.

Zwischen Systemen, z. B. zwischen einer neu gegründeten Paarbeziehung und den Herkunftsfamilien der Partner, gilt eine umgekehrte zeitliche Hierarchie; hier hat das jüngere, das neue System Vorrang vor dem früheren, dem älteren System. Dies ist systemtheoretisch leicht erklärbar, wenn wir bedenken, dass ein solches neues System sich nur dann stabilisieren kann, wenn es klare und eindeutige Grenzen auch zu seinen Herkunftssystemen etabliert. Sollten sich die Loyalitäten von Partnern zu ihren Herkunftsbindungen stärker zeigen als zu ihrer gegenseitigen Bindung, so steht das System in Gefahr, sich wieder in Richtung der Herkunftssysteme aufzulösen.

In Aufstellungen werden solche Bindungsbeziehungen durch das erste Aufstellungsbild und die Kommentare der Repräsentanten sichtbar. Es hat sich hier als lösend erwiesen, wenn den systemischen Grenzen durch räumliche Zuordnungen von Personen (etwa des jüngeren Systems) und Abgrenzungen zu anderen Stellvertretern (etwa des früheren Systems) sowie durch die Blickrichtungen Geltung verschafft wird.

Dritte Grundannahme: Einsatz für das System als systemische Immunkraft

Systeme sind permanenten Einflüssen aus ihrer Umwelt ausgesetzt. Auf diese Einflüsse reagieren sie über das Verhalten bzw. über Handlungen ihrer Mitglieder. Je besser es diesen Mitgliedern gelingt, sich für das System einzusetzen, für seinen Erhalt zu handeln, desto flexibler zeigt sich die sogenannte systemische Immunkraft als Reaktion auf Umwelteinflüsse. Daher ist dieser Einsatz der Mitglieder für das System funktional, er stabilisiert es. Nun erscheinen Systeme vor allem dann als sehr immun, wenn dieser Einsatz nicht nur geleistet, sondern auch innerhalb des Systems, von den Mitgliedern untereinander gewürdigt wird.

Weiterhin verdeutlichen Aufstellungen, dass sich der Einsatz für das System sowohl nach innen als auch nach außen richten muss; zumeist sind unterschiedliche Systemmitglieder damit betraut, entweder für die interne oder externe Stabilisierung und Anpassung zu sorgen. Wenn diese unterschiedlichen Funktionen als gleichermaßen wichtig und notwendig jeweils wertgeschätzt werden, zeigen die jeweils damit betrauten Mitglieder eine gesteigerte Motivation, auch weiterhin entsprechend tätig sein.

In Aufstellungen lässt sich häufig sehen, dass die Verteilung der intern und extern regulierenden Aufgaben einen Einfluss auf die Stellung im System hat. Systemmitglieder, die mit dem externen Einsatz beschäftigt sind, werden zumeist auf die rechte Seite gestellt, und Mitglieder, die mit der internen Systemregulation betraut sind, stehen zumeist auf der linken Seite (jeweils betrachtet aus der Perspektive der aufgestellten Repräsentanten). In Familien ordnet Hellinger im Sinne eines klassischen Familienbildes daher die Mütter auf die linke und die

Väter auf die rechte Seite. Dies ist zweifellos eine konservative Sicht, die hinsichtlich der heutigen postmodernen Familien auf ihre Grenzen stößt und keineswegs als eine normative Idee tradiert werden kann.

Vierte Grundannahme: Leistungs- und Fähigkeitsvorrang in Systemen

Die vierte Grundannahme offenbart eine ähnliche Wirkung wie die eben beschriebene dritte Annahme: Systeme sind besonders dann äußerst stabil und immun, auch gegen destruktive Wirkungen aus der Umwelt, wenn in ihnen eine Individuation der Mitglieder möglich ist, wenn die Einzelnen angesichts ihrer unterschiedlichen Leistungen und Fähigkeiten gleichermaßen gewürdigt, wertgeschätzt werden. Die Beachtung und Würdigung der Leistungen, die die Systemmitglieder für das System einbringen, sichert ihm diese Leistungsbereitschaft. Das Anerkennen der Fähigkeiten der einzelnen Mitglieder führt dazu, dass dem System die individuellen Ressourcen zugänglich bleiben. Systemisch funktional ist es in diesem Zusammenhang somit, wenn diejenigen, die größere Leistungen und Fähigkeiten ins System einbringen, Vorrang vor denen haben, die weniger Leistungen und Fähigkeiten zeigen.

Auch diese Annahme bestätigt sich in Aufstellungen zumeist. Die Stellvertreter erleben es als befreiend und lösend, wenn die Fähigkeiten und Leistungen, die einzelne Mitglieder einbringen (etwa durch Prozessarbeit, also durch verbale Interaktionen), gewürdigt werden.

Metaprinzip von der hierarchischen Abfolge der vier Grundannahmen

Alle genannten vier Grundannahmen stehen selbst in einem hierarchischen Verhältnis zueinander: Zunächst ist ein System bestrebt, seine Existenz, wir könnten mit der soziologischen Systemtheorie auch sagen: seine Autopoiesis (Luhmann 1990a) zu sichern, und zwar durch die klare Unterscheidung von Inklusion (also durch die Etablierung von systeminterner Zugehörigkeit und Bindung) und Exklusion. Sobald diese Existenz etabliert ist, kann das System wachsen, sodass die zeitliche Reihenfolge zwischen den früheren und neu hinzugekommenen Systemmitgliedern relevant wird. Wenn einige dieser Mitglieder (etwa Kinder einer Familie) aus ihrer Herkunftsfamilie hinausstreben, um eigene Paarbeziehungen oder Familien zu gründen, wird die zeitliche Reihenfolge für die Systeme wichtig.

Diese beiden Grundannahmen erscheinen für alle sozialen Systeme relevant, erweisen sich aber besonders häufig in Familien als gewinnbringende Deutungs- und Interventionsgrundlagen. Auch die Annahmen zum Einsatz sowie zu den Leistungen und Fähigkeiten können zur Betrachtung von Familien genutzt werden, obwohl sich in Familien, wie gesagt, die Lösungen zumeist auf die ersten beiden Annahmen beziehen lassen. Vor allem eindeutig aufgabenorientierte Systeme wie Teams und Organisationen können hinsichtlich ihrer Schwierigkeiten und Probleme häufig sinnvoll mithilfe von Fragen nach der angemessenen Würdigung des Einsatzes von Systemmitgliedern sowie nach den Möglichkeiten, individuelle Leistungen und Fähigkeiten konstruktiv und förderlich einzubringen, verstanden werden.

Dennoch hat es sich als sehr sinnvoll gezeigt, in allen Aufstellungen, ob sie sich nun auf Familien, Teams oder Organisationen beziehen, die Annahmen eins bis vier zu prüfen:

> »Daher beginnen wir bei Aufstellungen erst mit der Frage, wer ausgeschlossen ist, und fügen als Erstes die Ausgeschlossenen hinzu. Bei dieser Intervention können wir systemisch die größte Wirkung erwarten. Als Nächstes gilt es, die Prinzipien der direkten Zeitfolge und der inversen Zeitfolge zu berücksichtigen. Verletzungen der Zeitreihenfolge wäre die nächstschwerwiegendste Verletzung der Grundprinzipien für den Systemerhalt. Erst danach gehen wir bei Aufstellungen auf das Prinzip des Vorrangs des erhöhten Einsatzes und der höheren Leistungen ein« (Sparrer 2002, S. 99).

Metaprinzip vom Anerkennen des Gegebenen

Wenn wir uns die Grundannahmen genau betrachten, dann werden wir schnell erkennen, dass sie nichts anderes zum Ausdruck bringen als das Anerkennen dessen, was in Systemen als soziale, zeitliche und sachliche Wirklichkeit gegeben ist. Das Anerkennen der Zugehörigkeit und das Hereinholen, das Wiederinkludieren der aus welchen Gründen immer Exkludierten, aber systemisch Dazugehörigen bezieht sich auf die Akzeptanz einer sozialen Inklusionsordnung in Systemen. Die zeitliche Ordnung in Systemen wird anerkannt beim Gewahrwerden dessen, dass es einen Unterschied gibt zwischen denen, die früher, und denen, die später Systemmitglied wurden. Soll sich ein neues System vor dem Hintergrund seines Herkunftssystems etablieren und stabilisieren, so erscheint es ratsam, die Entwicklungspriorität des neuen vor dem bereits etablierten alten System anzuerkennen und damit diese zeitliche Ordnung zu akzeptieren.

Diese beiden Grundannahmen, die soziale und zeitliche, könnten im Sinne Paul Watzlawicks (1976, S. 142 ff.) als Wirklichkeiten erster Ordnung bewertet werden, also als Realitäten, die nicht verhandelbar, die mithin eindeutig festgelegt sind – hinsichtlich der familiären Zugehörigkeit vor allem über die biologische Abstammung und bezüglich der zeitlichen Reihenfolge durch die Unumkehrbarkeit eines zeitlichen Vorher und eines zeitlichen Nachher. Umso erstaunlicher ist es, dass allein durch das Zur-Geltung-Bringen dieser Prinzipien soziale Systeme konstruktiv angeregt werden können. Genau genommen wird damit in Aufstellungen etwas angesprochen, was ohnehin klar sein dürfte: die Zugehörigkeiten und zeitlichen Reihenfolgen. Aber wir handeln offenbar allzu oft diesen nicht negierbaren Gegebenheiten zuwider. Und in Aufstellungen wird in der Prozessarbeit häufig nichts anders verbalisiert als diese Gegebenheiten.

Etwas anders verhält es sich mit den sachlichen Prinzipien, mit dem Einsatz für das System sowie mit den individuellen Leistungen und Fähigkeiten. Hier können wir eher von Phänomenen sprechen, die der Wirklichkeit zweiter Ordnung entsprechen, also der Welt, über die nicht immer so selbstverständlich und schnell wie bei den ersten (etwa biologischen oder zeitlichen) Tatsachen eine Einigkeit erzielt werden kann. Dennoch verweisen diese Prinzipien auf notwendige Prozesse, die in Systemen zumindest als Aushandlungsprozesse in Gang gesetzt werden könnten: das Sprechen über individuelle Einsätze, Leistungen und Fähigkeiten sowie über Bedürfnisse, diese zu achten, zu würdigen und wertzuschätzen. Allein dies kann heilsame, also kurative Wirkungen zeitigen.

Erweiterung der systemisch-konstruktivistischen Theorie Sozialer Arbeit – Ein Resümee

Die eingangs erwähnte These dieses Kapitels lautet, dass die Erkenntnisse aus den systemischen Aufstellungen einen gewichtigen Beitrag zur Weiterentwicklung der systemischen Sozialen Arbeit leisten können. Diese Erkenntnisse wurden hier zwar mit Bezug auf den systemisch-phänomenologischen Ansatz Bert Hellingers, aber sodann – in konstruktivistischer Rahmung – in Anlehnung an Matthias Varga von Kibéd und Insa Sparrer präsentiert. Aus meiner Sicht lassen sich die dargestellten theoretischen Prinzipien und Grundannahmen ausgezeichnet einreihen in die bereits als klassisch zu bezeichnenden Theoriefragmente systemischer Sozialer Arbeit, von denen hier einige – aus meiner Sicht äußerst wichtige – noch einmal genannt werden sollen.

Systemische Soziale Arbeit ruht auf einer recht breiten Theoriebasis. Sie greift die differenz-, erkenntnis- und kommunikationstheoretischen Arbeiten Gregory Batesons (z. B. 1972) auf. Demnach lassen sich Informationen als Unterschiede (in der Umwelt von Systemen) verstehen, die Unterschiede (im Inneren des Systems) produzieren und damit die Basis für die Konstruktion von Wirklichkeitssichten bilden. Batesons Arbeiten sind weiterhin die Grundlage des konstruktivistischen Kommunikationsverständnisses von Paul Watzlawick (z. B. 1976), mit dem wir die soziale Wirklichkeit als ein Ergebnis kommunikativer Handlungen begreifen können. Uns allen ist wohl mittlerweile in Fleisch und Blut übergegangen, dass wir nicht *nicht* kommunizieren können; dass Kommunikationen auf Inhalts- und Beziehungsaspekte verweisen; dass Kommunikationen, weil sie in Kreisläufen zirkulieren, gewissermaßen künstlich interpunktiert, also mit Start- und Endpunkten versehen werden; dass Kommunikationen sowohl digitale Modalitäten (etwa Wörter) und analoge Dimensionen (etwa Gestisches und Mimisches) enthalten; dass wir symmetrische (gleichartige) von asymmetrischen (also ungleichartigen bzw. komplementieren) Kommunikationsstrukturen unterscheiden können.

Weiterhin ruht die systemische Soziale Arbeit auf Einsichten Heinz von Foersters (z. B. 1999), wonach wir uns, wenn wir in sozialen Systemen agieren, in nichttrivialen Gebilden bewegen, die hinsichtlich ihrer Reaktionen und Entwicklungen nur begrenzt beeinflusst und prognostiziert werden können. Diese Einsicht lässt sich vervollständigen, wenn wir mit Humberto Maturana und Francisco Varela (1984) konstatieren, dass lebende Systeme als autopoietische Einheiten aufgefasst werden können, die sich aus ihrer Umwelt (also etwa von Sozialarbeiterinnen und Sozialarbeitern) nur anregen lassen, sich selbst zu verändern.

Eine besonders einflussreiche systemische Perspektive nutzen wir weiterhin mit Niklas Luhmanns (1984) Systemtheorie, weil sie die genannten Theoriefragmente zu einer einheitlichen Theorie selbstreferenzieller Systeme zusammenführt und Aussagen erlaubt über alle biologischen, psychischen und sozialen (d. h. interaktiven, organisatorischen und gesellschaftlichen) Systeme, die in der Sozialen Arbeit allesamt relevant sind.

Den Vorschlag, den ich der Theorie der Sozialen Arbeit, insbesondere dem systemisch-konstruktivistischen Paradigma, mit diesem Kapitel unterbreite, ist, nun auch insbesondere die theoretischen Innovationen von Matthias Varga von Kibéd und Insa Sparrer aufzunehmen, die zwar auf Hellingers systemisch-phänomenologischen Ansatz verweisen, ihn aber konstruktivistisch rahmen, ihn damit gewissermaßen entdogmatisieren und für ein postmodernes Verständnis von Sozialarbeit (etwa Kleve 2007a; Wirth 2005) brauchbar machen.

Die beschriebenen Metaprinzipien und Grundannahmen der systemischen Aufstellungsarbeit sind nicht gänzlich neu, sie verweisen auf bekannte (sozial)psychologische und soziologische Erkenntnisse. Sie wurden aber durch die Arbeit mit Aufstellungen in einer Weise pointiert und nutzbar gemacht, dass sie sich – ähnlich wie die knapp erwähnten Axiome zwischenmenschlicher Kommunikation von Watzlawick – ausgezeichnet dazu eignen, soziale Praxisprozesse zu analysieren und hinsichtlich konstruktiver Veränderungsprozesse anzuregen. An den Beispielen von Kooperationsbeziehungen zwischen Jugendämtern und freien Trägern (Kleve 2007a, S. 140 ff.) sowie von gelingenden Implementierungsprozessen neuer Konzepte (Kleve 2007b) habe ich bereits versucht, diese These exemplarisch zu belegen.

6 Systemische Aufstellungen in der Sozialen Arbeit – Plädoyer für ein praktisches Reflexions- und Interventionsinstrument

Nachdem im fünften Kapitel die Theorie der systemischen Aufstellungsarbeit grundsätzlich präsentiert worden ist, soll nun eine mögliche Praxis dieses Verfahrens eingehender skizziert werden: die systemische Aufstellung von personenzentrierten Systemen, etwa von Teams und Familien. Dabei werden wir uns anlehnen an die klassische dreiphasige Handlungspraxis: Anamnese, Diagnose und Intervention. Es soll deutlich werden, welche Unterschiede es macht, wenn wir das Beschreiben (Anamnese), Erklären (Diagnose) und Handeln (Intervention) mithilfe von systemischen Aufstellungen gestalten.

Ausgangspunkte

Das Interessante an den systemischen Aufstellungen ist, dass sie in vielen Kontexten (zum Beispiel bei Teambesprechungen, Supervisionen, Fort- und Weiterbildungsgruppen, Hochschulseminaren) recht unkompliziert eingesetzt werden können, und zwar vor allem dann, wenn die Sprache an ihre Grenzen gerät und komplexe Beziehungsdynamiken sozialer Systeme nicht mehr adäquat darzustellen vermag. Ich neige inzwischen dazu, den jeweiligen Teilnehmern unterschiedlicher Gruppensettings vorzuschlagen, jedwede thematisierte und zu analysierende Beziehungsdynamik (zum Beispiel auch gruppendynamische Themen und Konflikte) mittels einer Aufstellung zu betrachten. Zumeist ist der Erkenntnisgewinn relativ groß, und es entstehen zahlreiche Lösungs- bzw. Handlungsideen für den Falleinbringer bzw. für die jeweilige Gruppe.

Selbst im Einzelgespräch lassen sich Beziehungsdynamiken aufstellen; hierzu eignen sich die im Kapitel 3 erwähnten Karten oder aber spezielle Aufstellungsfiguren, die es inzwischen in mehreren Versionen gibt (siehe dazu beispielsweise unter: http://www.aufstellungsfiguren.de [8.3.2011]). Das Interessante, das sich hier zeigen kann, ist, dass die Intensität und der Erkenntnisgewinn selbst bei der Aufstellungsarbeit mit Karten oder Figuren relativ hoch sind (vgl. dazu auch Sparrer 2004, S. 111 f.). Die Einzelperson, mit der gearbeitet wird, kann so relativ schnell Metaperspektiven einnehmen oder schafft es leichter als nur in einem Gespräch, die Perspektiven der anderen Beteiligten nachzuvollziehen, um die Relativität der Problemsituation oder generell der Wahrnehmungen zu erfassen.

Aber wie läuft nun eine Aufstellung ab? Aufstellungen können der Systemanamnese, der Systemdiagnose und der Systemintervention dienen. Wie dies geschieht, soll im Folgenden skizziert werden. Dabei werden wir uns auf das systemische Aufstellen von an Personen orientierten systemischen Strukturen konzentrieren, also auf Familien, Teams, Beziehungen zwischen Klienten und Helfern etc. Darüber hinaus lassen sich sämtliche Strukturen, also Anordnungen von in Wechselwirkung stehenden Elementen, systemisch aufstellen, etwa Probleme (siehe dazu einführend Kapitel 3) oder Ambivalenzen bzw. Konflikte (siehe dazu Kapitel 9 ff.).

Systemanamnese

Die Systemanamnese kann als der erste Schritt einer systemischen Aufstellung betrachtet werden. Hier geht es, wie man mit Kurt Eberhard (1999, S. 17) sagen könnte, um die *phänomenale Frage*: »Was ist los?«, »Was geschieht?« Ein Falleinbringer benennt so knapp wie möglich ein *Anliegen*, bestenfalls eine *Frage*, die er hinsichtlich eines sozialen Systems, an dem er selbst beteiligt ist (etwa als professionelle Helfer), für sich klären möchte. Eine solche Frage könnte beispielsweise sein, wie aus einer aktuellen Konfliktsituation ein Ausweg gefunden werden kann oder wie eine bestimmte Beziehungsdynamik im Hilfeprozess erklärbar ist und wie darauf reagiert werden könnte.

Zu Beginn einer Aufstellung sollte das Ausgangsanliegen bzw. die Ausgangsfrage explizit benannt werden; denn dieses Anliegen bzw. diese Frage fungiert als Auftrag, der im Verlauf und spätestens am Ende der Aufstellung fokussiert wird. Es ist wichtig zu wissen, was der Falleinbringer mit der Aufstellung erreichen will, damit der Aufstellungsprozess auf diesen Willen hin zentriert werden kann und die Komplexität der vielfältigen Möglichkeiten des Interpretierens und Intervenierens, die sich während Aufstellungen ergeben, passend reduziert werden können.

Wenn der Auftrag des Falleinbringers geklärt ist, wird nach den Personen gefragt, die aus der Sicht des Falleinbringers am relevanten System beteiligt sind. Wenn es sich um ein Familiensystem handelt, könnte nach Nennung der beteiligten Personen zur besseren Übersicht vom Aufstellungsleiter ein Genogramm gezeichnet werden, das um jene Personen oder Institutionen (z. B. der Sozialen Arbeit) ergänzt wird, die nicht zum Familiensystem, aber zu Systemen gehören, die mit der Familie interagieren und für das Anliegen ebenfalls eine Bedeutung haben. Wenn die beteiligten Personen (inklusive eines aufzustellenden Stellvertreters für den Falleinbringer selbst) benannt wurden, wird der Falleinbringer gebeten, aus dem Kreis der anwesenden Personen Stellvertreter für die zuvor genannten Personen (und für sich selbst) auszuwählen. Wenn dies geschehen ist, nimmt der Falleinbringer die Personen jeweils an der Schulter und stellt sie zueinander in Beziehung, und zwar so, wie es seinem inneren Bild, das er sich von den Beziehungen der Beteiligten gemacht hat, entspricht. Dabei kommentiert er sein Tun nicht, sondern versucht, die Positionierung mit gesammelter und ruhiger Konzentration zu realisieren.

Bei der »Modellierung« des Aufstellungsbildes arbeitet der Falleinbringer mit zwei Variablen: mit dem *Abstand der Personen voneinander* (Nähe und Distanz) und mit den *Blickrichtungen bzw. -winkeln der Personen*. Wenn alle Personen zueinander gruppiert wurden und der Falleinbringer nach einer entsprechenden Rückfrage des Aufstellungsleiters signalisiert, dass die Personen so stehen, wie es seinem inneren Bild bzw. seinem Gefühl entspricht, tritt der Falleinbringer etwas zurück oder setzt sich, sodass er den Prozess der Aufstellung von »außen« betrachten kann.

An diesem Punkt werden die aufgestellten Repräsentanten gebeten, sich in ihre Positionen hineinzufühlen, also wahrzunehmen, was die jeweilige Stellung bei ihnen für Gefühle und ferner für Gedanken auslöst. Nach wenigstens einer halben Minute kann der Aufstellungsleiter fragen, welche Wahrnehmungen sich eingestellt haben. Sodann berichten die Stellvertreter nacheinander über Unterschiede in ihren Gefühlswahrnehmungen und Gedanken. Der Aufstellungsleiter kann das Geäußerte noch einmal mit seinen Worten zusammenfassen, es spiegeln (paraphrasieren) oder die Repräsentanten, die zu stark »im Kopf« sind, die zu sehr aus einer kognitiven, rationalisierten Perspektive berichten, bitten, über ihre Körperwahrnehmungen, die die jeweilige Position angeregt hat, zu sprechen.

Wenn alle Stellvertreter sich geäußert haben, sollte der Falleinbringer das, was er gehört hat, kommentieren dürfen. Dieser Kommentar beantwortet vor allem die Frage, ob die Aussagen von den aufgestellten Repräsentanten Ähnlichkeiten mit bekannten Aussagen oder Situationen aus dem Systemoriginal aufweisen. Weiterhin sollte der Auftrag, das Anliegen bzw. die Frage fokussiert werden, da sich beim Falleinbringer möglicherweise bereits erste Ansätze einer Klärung bzw. einer Antwort eingestellt haben.

Mit Varga von Kibéd und Sparrer (2009) könnten wir sagen, dass es mit der Systemanamnese in Aufstellungen zunächst einmal darum geht, einem Grundprinzip dieser systemischen Arbeit gerecht zu werden, und zwar diesem: *das Gegebene – das, was sich im System faktisch bzw. phänomenal zeigt – anzuerkennen.*

Systemdiagnose

Die Systemdiagnose ist der zweite Schritt einer systemischen Aufstellung. Jetzt geht es, wieder mit Eberhard (1999, S. 17) formuliert, um die *kausale Frage*: »Warum ist das so?«, »Warum geschieht es so?« Hier richtet sich die Aufmerksamkeit auf das Bilden von Hypothesen bezüglich der in der Aufstellung sichtbaren Systemdynamik, die ja deutlich wurde durch die Äußerungen der Repräsentanten. Auch die Hypothesen dienen dem Auftrag, das heißt dem Anliegen oder der Fragestellung des Falleinbringers, sodass sie, ausgehend davon, gebildet werden sollten.

Während der Systemanamnese wurde vor allem die *Innenperspektive* der Aufstellung betrachtet, die Repräsentanten äußerten ihre Wahrnehmungen. Außerdem konnte der *Falleinbringer aus seiner Perspektive* die Äußerungen der Stellvertreter als mehr oder weniger passend, brauchbar oder interessant kommentieren. Jetzt bietet es sich an, die weiteren vorhandenen Perspektiven als Ressourcen für die Hypothesenbildung zu nutzen, insbesondere die Perspektiven der Mitglieder der Gruppe, die nicht aufgestellt wurden und die in der Regel in einem Halbkreis um die Aufstellung sitzen und als Prozessbeobachter fungieren. Die Gruppenmitglieder können nun, ausgehend von ihrer *Außenperspektive,* eingeladen werden zu verbalisieren, was sie hinsichtlich der Aufstellung (z. B. bezüglich der Beziehungskonstellationen) wahrnehmen und wie sie dies interpretieren. Auch der Aufstellungsleiter kann seine Ideen dazu äußern. Der Falleinbringer hört sich dies an, wird aber noch nicht gebeten, die Hypothesen zu kommentieren; vielmehr wird ihm empfohlen, das für ihn Brauchbare von dem für ihn Unbrauchbaren zu trennen, sozusagen das eine ins kognitive Schatzkästchen, das andere in den kognitiven Mülleimer zu werfen.

Die Hypothesen während der Systemdiagnose können einerseits ganz kreativ, ausgehend von den jeweils eigenen Wahrnehmungen der Gruppenmitglieder oder des Aufstellungsleiters, konstruiert werden. Wie beim systemischen Hypothesenbilden üblich, kommt es hier nicht darauf an, »richtige« Hypothesen zu bilden, sondern einen Möglichkeitsraum von Interpretationen zu öffnen, aus dem der Falleinbringer das herausholen kann, was er aus seiner Sicht benötigt, um sein Anliegen zur klären.

Abgesehen von dieser Freiheit des Hypothetisierens, lassen sich aber andererseits unterschiedliche systemische Annahmen als Ausgangspunkte für die Hypothesen zugrundelegen, welche sich in der Betrachtung von Aufstellung immer wieder als bedeutend erwiesen haben (vgl. ausführlich dazu Kapitel 5; sowie Varga von Kibéd und Sparrer 2009, S. 181 ff.). Diese Annahmen, die zuerst Hellinger, ausgehend von Beobachtungen in Familienaufstellungen, beschreiben hat (vgl. etwa Ulsamer 2001), benennen in gewisser Weise faktische Regeln, die offensichtlich in den unterschiedlichsten Systemen wirken und deren Nichteinhalten zu Problemen führen kann. Vier dieser Annahmen sollen im Folgenden als systemische Strukturprinzipien knapp skizziert werden:

- *Prinzip der Zugehörigkeit bzw. des Nichtausschlusses:* Jedes Systemmitglied hat das gleiche Recht darauf, dass es als zum System dazugehörig wahrgenommen und kommuniziert, also nicht aus dem System ausgeschlossen wird. Dieses Prinzip

»sichert die Existenz des Systems, da sonst der Zugehörigkeitsbegriff und damit die Systemgrenze problematisch wird« (Varga von Kibéd u. Sparrer ebd., S. 183).

- *Prinzip der systeminternen direkten zeitlichen Reihenfolge:* Innerhalb von Systemen haben diejenigen, die eine ältere Systemmitgliedschaft vorweisen, mehr Rechte als solche mit einer jüngeren Systemmitgliedschaft. Dieses Prinzip

»sichert die Möglichkeit des Systemwachstums« (ebd.), da sonst der Raumverlust der früheren Systemmitglieder zu Gegenreaktionen gegen das Systemwachstum führen könnte.

- *Prinzip der intersystemischen umgekehrten zeitlichen Reihenfolge:* Zwischen Systemen hat das spätere, also das jüngere System

Vorrang vor dem älteren bzw. früher gebildeten System. Dieses Prinzip

> »sichert die Systemfortpflanzung, da sonst die schwächere Grenze des jüngeren Systems häufig zu dessen Reabsorption durch das ältere oder zur Diffusion führt« (ebd.).

- *Prinzip des höheren Einsatzes:* Diejenigen Systemmitglieder, die für das System einen höheren Einsatz leisten, haben Vorrang und andere Rechte als diejenigen, deren Einsatz geringer ist. Dieses Prinzip

> »sichert die Immunkraftbildung des Systems, da ohne die Förderung derartiger Funktionen das System potenziell stabilisierende Kräfte nicht in ausreichendem Maße ausbilden dürfte« (ebd.).

Wichtig bei diesen Grundannahmen sind ihr *hypothetischer Charakter* sowie ihre *Relativität*: Es kommt darauf an, wie die Systembeteiligten diese Aspekte jeweils *wahrnehmen* und wie darüber *kommuniziert* wird; daraus ergeben sich dann Wirkungen, die Einfluss auf die Systemdynamik haben. Jedenfalls lassen sich, ausgehend von diesen Annahmen, Hypothesen bilden, die schließlich auch als Ausgangspunkte für Interventionen genutzt werden können. So kann während der Systemdiagnose – *erstens* – überlegt werden, ob ein für die Klärung des Anliegens wichtiges, ja dazugehöriges Systemmitglied (noch) nicht durch einen Stellvertreter in der Aufstellung repräsentiert wurde. Oft zeigt sich in Aufstellungen, in denen Systemmitglieder fehlen, dass ein Repräsentant ins Weite oder ins Leere schaut, sich also mit seinem Blick auf keine andere aufgestellte Person bezieht. *Zweitens* lässt sich betrachten, wie die innersystemischen Grenzen zwischen den Mitgliedern verlaufen, ob die früheren bzw. länger am System beteiligten Mitglieder einen ihnen angemessen Platz haben, der symbolisiert, dass sie andere Rechte haben als die später dazu gekommenen Mitglieder. *Drittens* könnte beobachtet werden, wie die intersystemischen Grenzen zwischen unterschiedlichen Teilsystemen der Aufstellung konstituiert sind. Davon ausgehend, ließe sich die Frage klären, ob jüngere Teilsysteme bzw. ihre Mitglieder genügend (Beziehungs-)Raum bekommen, um sich als System zu stabilisieren. *Viertens* kann geprüft werden, ob die Systemmitglieder, die für das System eine besonders bedeutende Funktion haben (insbesondere aufgrund ihres Einsatzes bzw. ihrer Leistung), einen ihnen angemessenen Platz einnehmen.

Diese Fragen können *zum einen* aus der Außenperspektive (etwa von den Gruppenmitgliedern und dem Aufstellungsleiter) beantwortet werden; *zum anderen* sollten sich dazu aber auch die aufgestellten Repräsentanten äußern und ihre Wahrnehmungen aus der Innenperspektive der Systemaufstellung artikulieren.

Systemintervention

Die Systemintervention lässt sich als der dritte Schritt einer systemischen Aufstellung bezeichnen. Jetzt geht es, mit Eberhard (1999, S. 17) gesprochen, um die *aktionale Frage*: »Was ist zu tun?« Ausgehend von den Hypothesen, wird nun überlegt, wie die aufgestellten Personen umgestellt werden können, sodass sich eine Konstellation ergibt, die aus der Innenperspektive aller Repräsentanten in der Aufstellung einen fühlbaren Unterschied ausmacht hin zum Besseren bzw. zum Passenderen.

Betrachtet man die im letzten Punkt genannten vier Prinzipien, könnten beispielsweise bisher nicht aufgestellte, aber dazugehörige, äußerst relevante Systemmitglieder dazugestellt werden; ältere, also länger am System beteiligte Mitglieder könnten im Verhältnis zu jüngeren, kürzer am System beteiligten Mitgliedern so umgestellt werden, dass sie einen ihrer Wahrnehmung nach passenderen Platz einnehmen; jüngere Teilsysteme bzw. ihre Mitglieder könnten von älteren Teilsystemen bzw. ihren Mitgliedern deutlicher separiert bzw. differenziert werden, sodass sie mehr Entfaltungsraum bekommen; und schließlich könnten diejenigen, die für das System mehr Einsatz zeigen als andere, eine dieser Situation angemessenere neue Position erhalten, sodass ihre besondere Leistung sich auch in ihrer Position im System zeigt.

Diese Umgruppierungen kann der Aufstellungsleiter vornehmen, aber auch Gruppenmitglieder, die Ideen bezüglich der neuen Plätze haben, könnten das Umstellen ausführen. Und manchmal ist es passend, dass der Falleinbringer selbst ausprobiert, wie er nach den Erkenntnissen aus der Systemanamnese und -diagnose die Positionen der Stellvertreter verändern würde und welche Wirkungen dies im aufgestellten System hätte. Entscheidend ist jedoch, dass nach jeder Veränderung, nach jeder Umstellung die aufgestellten Repräsentanten sich darüber äußern, was sich in ihrer Wahrnehmung, in ihrem Fühlen durch die Veränderung verändert hat, ob es aus ihrer systemischen Innenperspektive nun eher »besser« oder eher »schlechter« ist. Das Ziel besteht freilich darin, dass Plätze gefunden werden, die einen *Unterschied* zum Ausgangsbild ergeben, der als »eher besser« bewertet werden kann.

Die Systemintervention ließe sich aber auch über die Selbstorganisationstendenzen der aufgestellten Personen, der repräsentierten Systemdynamik realisieren. Innerhalb eines aufgestellten Systems ist zumeist ein systemisches »Wissen« darüber vorhanden, wie sich die Stellvertreter zueinander umstellen müssen, damit sich ein positiver Unterschied ergibt. Daher können die Repräsentanten gebeten werden, sich langsam einen neuen Platz in Bezug zu den anderen Personen (das heißt hinsichtlich Nähe und Distanz sowie hinsichtlich der Blickrichtung) zu suchen, der einer Verbesserung im Vergleich zu der vorherigen Position gleichkommt.

Wenn schließlich eine aus der Innenperspektive der Repräsentanten als besser wahrgenommene Konstellation gefunden wurde, ist das Ende einer Aufstellung erreicht. Nun sollte der Falleinbringer sich die Konstellation genau anschauen, die Position seines Stellvertreters betrachten und bestenfalls für einen Moment »seinen« Platz in der Aufstellung einnehmen, also den Stellvertreter bitten, sich auf seine Position stellen zu dürfen.

Der Falleinbringer wird am Ende eingeladen, sich die Endkonstellation genau einzuprägen, denn letztlich wirkt eine Aufstellung über die veränderte Wahrnehmung des Systemmitglieds, das sein Anliegen mithilfe einer Aufstellung bearbeitet hat. Hier wird ganz auf die zentrale systemische These vertraut, *dass die Verhaltensänderung eines Systemmitglieds Veränderungen des Verhaltens der anderen Mitglieder und damit eine neue Systemdynamik anregen wird*, die bestenfalls als besser eingeschätzt werden kann als die vorherige Dynamik. Meine Erfahrung mit Aufstellungen zeigt, dass sich diese These zumeist bestätigt.

7 Systemische Aufstellungen in der Case-Management-Weiterbildung und -Supervision

Während bisher die grundsätzlichen theoretischen (insbesondere Kapitel 5) und einige praktische Möglichkeiten (insbesondere Kapitel 6) von systemischen Aufstellungen skizziert wurden, soll nun ein Praxisfeld exemplarisch betrachtet werden: das Case-Management, insbesondere die Weiterbildung und Supervision von Case Managerinnen und Case Managern.

Mit dem Verfahren des Case-Managements wird intendiert, sowohl die Ebene des Einzelfalls als auch die Organisationsebene effektiver und effizienter zu gestalten. Gerade hinsichtlich komplexer Fälle, die zahlreiche Organisationen involvieren, stellt sich im Bereich der Weiterbildung und der Supervision regelmäßig die Frage, wie die Arbeit passend reflektiert werden kann. Hier wird als ein Mittel für diese Reflexion das Verfahren der systemischen Aufstellungen empfohlen.

Ausgangspunkte

Case-Management ist ein Verfahren im Sozial- und Gesundheitswesen sowie in der Beschäftigungsförderung, mit dem angestrebt wird, komplexe Hilfeprozesse zielgerichtet zu koordinieren. Denn das moderne Hilfesystem zeichnet sich durch eine hochgradige Differenzierung und Spezialisierung aus, sodass die Nutzer von sozialen oder gesundheitsbezogenen Leistungen oft mit einer Vielzahl von Dienstleistern zugleich zu tun haben. Die Gleichzeitigkeit verschiedener Helfer, die in einen Fall involviert sind, bietet Potenziale, geht aber auch mit Gefahren einher. Ein Potenzial besteht darin, dass die verschiedenen Helfer in der Regel über tiefgreifendes Spezialwissen verfügen, das es ihnen ermöglicht, bestimmte Problemlagen effektiv anzugehen. Damit kommt zugleich eine Gefahr in den Blick, nämlich die, dass die spezialisierte Perspektive blind machen kann für den Gesamtzusammenhang einer komplexen Falldynamik. Daher kann es sein, dass die hochgradige Rationalität der einzelnen Helfer eine Irrationalität des gesamten Hilfeprozesses generiert. Genau an dieser Stelle greift das Case-Management. Denn es hat die Funktion, die Fallverantwortung für einen Hilfeprozess zu übernehmen, Schnitt- und Koordinationsstelle für die verschiedenen am Prozess beteiligten Helfer und informellen bzw. lebensweltlichen Akteure zu sein, um die Vielfalt der spezialisierten Hilfesysteme konstruktiv und zielgenau sowie vor allem lebensweltangemessen zu moderieren.

Deutlich wird an diesem Punkt, dass Case-Management nicht lediglich an der Fallarbeit orientiert ist, dies wäre Case Work, sondern dass es zugleich die Organisation der Fallarbeit hinsichtlich der unterschiedlichen Beteiligten strukturiert und verantwortet. Daher wird davon gesprochen, dass dieses Verfahren sowohl Fall- als auch Systemsteuerung ermöglicht (Löcherbach, Klug u. Remmel-Faßbender 2005). Diese zweifache Fokussierung ist ein zentrales Thema in der Fort- und Weiterbildung sowie in der Supervision von Fachkräften des Case-Managements.

Angesichts dieser Doppelperspektive des Verfahrens wird schnell klar, dass Case Management eben nicht zu verwechseln ist mit dem, was Praktiker zumeist tun und nicht selten als Case-Management ausgeben: klassische Fallarbeit (Case Work). Der Begriff »Management« wird in diesem Verfahren zu Recht gebraucht und meint ebenjenen Punkt, den Fachkräfte nicht selten ausblenden, weil sie eher fallfokussiert sind: dass die Fallarbeit in mindestens zwei organisatorischen Kontexten eingebettet ist, die das äußerst stark prägen, was in der Fallarbeit realisiert werden kann. Der *eine dieser Kontexte* ist die Organisation, in der die Fallarbeit stattfindet, die Einrichtung, für die eine bestimmte Fachkraft tätig ist und in der sie zumeist innerhalb einer formalen Struktur (z. B. einer Hierarchie) eingebunden ist. Der *andere Kontext* ist die interorganisatorische Situation, die deutlich wird bei der Betrachtung der verschiedenen an einem Hilfeprozess beteiligten formal organisierten Fachkräfte. Case-Management hat die Aufgabe, neben der Fallorientierung, diese beiden organisatorischen Kontexte so zu modellieren, zu koordinieren und zu moderieren, dass das Optimale für die Nutzer sozialer und gesundheitsbezogener Dienstleistungen entstehen kann.

In diesem Kapitel soll veranschaulicht werden, *wie für die Reflexion und Gestaltung dieser und weiterer relevanter Kontexte die Methode der systemischen Aufstellungen äußerst brauchbar und effektiv einsetzbar ist.* Gerade in Weiterbildungsgruppen oder in der Supervision von Case Managern lassen sich Aufstellungen relativ unproblematisch dafür einsetzen, sich die »Verstrickungen im sozialen Netz« (Minuchin,

Minuchin u. Colapinto 2000) zu veranschaulichen und Strategien des Ordnens zu finden und zu realisieren. Dies konnte ich im Rahmen von Case-Management-Weiterbildungen am Institut für Beratung und Supervision Aachen und am Weiterbildungsinstitut der Fachhochschule Potsdam sowie in zahlreichen Inhouse-Fortbildungen und Supervisionen in den vergangenen Jahren immer wieder erfahren.

In den genannten Weiterbildungen arbeiten wir insbesondere mit dem Verfahren des systemischen Case-Managements (Kleve, Haye, Hampe-Grosser u. Müller 2006), das sich anlehnt an den klassischen Ansatz, aber hinsichtlich der Verfahrensschritte einige Konkretisierungen aufweist. So wird der zentrale Schritt des Assessments (Falleinschätzung) differenziert in *Kontextualisierung, Problembeschreibungen* und *Ressourcenanalyse* sowie *Hypothesenbildung*. Die Hilfeplanung teilt sich auf in *Handlungs-* und *Zielplanung*. Bei der Realisierung des systemischen Case-Managements gehen wir von komplexen und nichttrivialen Systemen aus, also von der Kybernetik zweiter Ordnung im Sinne Heinz von Foersters (siehe etwa 1999). Das klassische Case-Management scheint eher zu fußen auf traditionellen Ideen der linearen Steuerbarkeit von psychosozialen Systemen.

Systemische Aufstellung im Kontext von Case-Management – Eine mögliche Vorgehensweise

In Case-Management-Weiterbildungen und -Supervisionen bietet es sich zumeist an, mit konkreten Fällen der Teilnehmer zu arbeiten. So können die Verfahrensschritte sogleich auf konkrete Sachverhalte aus der Praxis bezogen und exemplarisch vertieft werden. Im Konzept des systemischen Case-Managements, das als eine spezielle Variante des Case-Managements beispielsweise am Weiterbildungsinstitut der Fachhochschule Potsdam als zertifizierte Weiterbildung angeboten wird, vermitteln wir den Case-Management-Prozess, beginnend mit den Phasen *Kontextualisierung, Problembeschreibungen* und *Ressourcenanalyse* sowie *Hypothesenbildung*. Kontextualisierung meint die Thematisierung des lebensweltlichen Integrations- und des funktionssystemischen bzw. organisatorischen Inklusionskontextes. Case Manager sollen in dieser Phase die relevanten lebensweltlichen und institutionellen Beteiligten identifizieren. Es soll also deutlich werden, wer außer dem Klienten in der Fallarbeit beachtet werden muss, mit wem also Kontakt herzustellen ist. Für die Kontextualisierung bieten sich Verfahren der sozialen Diagnose an wie Genogramme und Netzwerkkarten (dazu Pantucek 2005), aber eben auch das erfahrungsorientierte Mittel der systemischen Aufstellungen.

Eine systemische Aufstellung kann eingesetzt werden, indem ein falleinbringender Case Manager in Ausbildung oder in der Supervision alle beteiligten Personen und Organisationen mithilfe von Stellvertretern aus der Ausbildungs- oder Supervisionsgruppe im Raum aufstellt. Bei dieser Vorgehensweise lassen sich mindestens zwei unterschiedliche Aufstellungsmöglichkeiten nacheinander nutzen:

- *Erste (grundlegende) Möglichkeit:* Zunächst können die vier Felder der klassischen egozentrierten Netzwerkkarte – Zentrum/Mitte: Klient; 1. Feld: Familie/Verwandte; 2. Feld: Freunde/Nachbarn; 3. Feld: Beruf/Arbeit/Schule; 4. Feld: professionelle Helfer/Dienstleister – als Orientierung dafür dienen, eine erste Aufstellung zu strukturieren. So werden diese Felder als tatsächliche räumliche Bereiche auf dem Boden markiert, und der Falleinbringer stellt die Repräsentanten für die Beteiligten in die jeweiligen Bereiche. Bereits eine solche Aufstellung ermöglicht eine Problem- und Ressourcenanalyse sowie eine Hypothesenbildung. So könnte beispielsweise deutlich werden, dass bisher kaum lebensweltliche Kontakte bekannt sind, während über die professionellen Dienstleister relativ viel gesagt werden kann. Dies ließe die Hypothese zu, dass die informellen sozialen Ressourcen bisher kaum beachtet, geschweige denn aktiviert wurden. Aber gerade diese sozialen Beziehungen sind entscheidend für einen nachhaltigen Case-Management-Prozess.
- *Zweite (ergänzende) Möglichkeit:* Daran anschließend, lässt sich, ausgehend von der ersten (grundlegenden) Netzwerkaufstellung, eine klassische Aufstellung realisieren, bei der so vorzugehen ist, wie dies im Kapitel 6 bereits erläutert wurde. Nun positioniert der Falleinbringer die Beteiligten so zueinander, dass die Distanzen der Personen und die Standwinkel modelliert werden, und zwar so, wie es seinem inneren Bild entspricht. Natürlich bezieht er seine eigene Rolle mit ein, sucht sich also auch einen Stellvertreter für die Position des Case Managers und ordnet sie in die Gesamtkonstellation ein. Jetzt ist es möglich, dass der Case Manager auf die Interaktion und Dynamik seines simulierten Prozesses blicken kann, dass er

das komplexe Beziehungsgeflecht in kopierter Form erblickt, mit dem er alltäglich zu tun hat.

Im Weiteren werden die aufgestellten Personen eingeladen, aus ihrer jeweiligen Position zu berichten, zu schildern, welche Wahrnehmungsunterschiede und Beziehungsbotschaften sie in dem aufgestellten sozialen Geflecht empfinden. Diese Äußerungen können sodann vom Falleinbringer auf Sinnhaftigkeit und Brauchbarkeit hin geprüft werden.

Da ich – in Anlehnung an Varga von Kibéd und Sparrer – die systemische Aufstellung als ein konstruktivistisches Verfahren verstehe, kann nicht davon ausgegangen werden, dass es sich um die Darstellung eines wahren Bildes, einer richtigen Kopie des Originalsystems bzw. -netzwerkes handelt. Vielmehr lautet das Kriterium für die Bewertung von Aufstellungen: *Brauchbarkeit für den Falleinbringer*. Die Frage, die sich stellt, ist: *War die Aufstellung brauchbar dafür, hinsichtlich des Case-Management-Prozesses zu neuen, passenden Ideen zu kommen, die eine konstruktivere, nachhaltigere, ressourcen- oder lösungsorientiertere Dynamik wahrscheinlicher machen können?*

Metaprinzipien und Grundannahmen

Eine Aufstellung lässt sich relativ leicht realisieren. Auf der anderen Seite korrespondiert diese Einfachheit mit einem zumeist recht hohen Nutzen für den Falleinbringer, aber auch für die anwesenden Gruppenmitglieder, die den Prozess beobachten und dabei eigene Ideen und Erfahrungen reflektieren oder die als Stellvertreter fungieren und dabei Erkenntnisse gewinnen, die ihnen ansonsten kaum möglich sind. Sie erleben sich in Rollen, die in das Case-Management-Verfahren involviert, die mithin ausgesprochen wichtig sind, damit ein solcher Prozess zu einem guten Ende gebracht werden kann. Bereits mit dem oben beschriebenen einfach zu realisierenden Verfahren der Systemaufstellung können weiterführende, äußerst brauchbare Ideen für das Assessment, insbesondere für die Kontextualisierung, die Problem- und Ressourcenanalyse sowie für eine Hypothesenbildung erarbeitet werden.

Neben diesem kreativen Prozess, der mit allen Gruppenmitgliedern, die die Aufstellung aus unterschiedlichen Positionen und Perspektiven wahrnehmen können, realisierbar ist, lassen sich die in den letzten Jahren empirisch gewonnenen und gut dokumentierten Erkenntnisse aus Aufstellungen (siehe ausführlich Kapitel 5) nutzen. So hat sich gezeigt, dass Aufstellungen elementare Sozialprozesse (Hondrich 2006 sowie Nelles 2006) offenbaren, Strukturregeln sozialer Systeme, die hinter unserem Rücken immer dann wirksam werden, wenn wir in soziale Beziehungen eintreten. Einige dieser Strukturregeln sollen nun knapp referiert und auf das Case-Management bezogen werden, weil sie auch für die Reflexion von Aufstellungen im Kontext von Case-Management hilfreiche Rahmen dafür bieten können, zu sinnvollen Interpretationen und Handlungsideen zu kommen.

Varga von Kibéd und Sparrer (2009, S. 180 ff.) differenzieren diese Strukturregeln in mehrere Metaprinzipien und Grundannahmen und weisen darauf hin, dass diese Prinzipien und Annahmen aus der konstruktivistischen Perspektive nicht in erster Linie als Deskriptionen und erst recht nicht als Präskriptionen verstanden werden sollten. Vielmehr schlagen sie vor, die folgenden Aspekte als *kurativ* zu betrachten, als hilfreiche Regeln, deren Beachtung sich vor allem dann als sehr sinnvoll und problemlösend gezeigt hat, wenn es innerhalb von sozialen Systemen zu Schwierigkeiten, Konflikten oder immer wiederkehrenden, den Alltag lähmenden Fragen kommt.

- Als *erstes Metaprinzip* wird konstatiert, dass es durch Aufstellungen möglich ist, das Gegebene, das, was sich dem Falleinbringer im sozialen Prozess zeigt, anzuerkennen. *Anerkennen, was ist* – so lautet eine phänomenologische Grundregel, die durch Aufstellungen erfüllt werden kann. Hier geht es zunächst darum, die eigenen Möglichkeiten, Begrenzungen, aber auch Chancen innerhalb sozialer Prozesse mit zumeist vielen Beteiligten nüchtern zu betrachten. Die Dynamiken der Beteiligten, die Konflikte und Probleme, ihre Potenziale und Gefahren sowie die eigenen diesbezüglichen Gefühle können durch Aufstellungen sowohl offenbart als auch als gegebenen anerkannt und geachtet werden. So paradox es klingen mag, aber die Praxis beweist es oft: *Wenn die Anerkennung und Achtung des Gegebenen gelingt, wird die Wahrscheinlichkeit von Veränderung erhöht.*
- Das *zweite Metaprinzip* besagt, dass die Reflexion von Systemaufstellungen mithilfe der im Folgenden benannten und erläuterten Grundannahmen die Hierarchie dieser Annahmen von eins bis vier beachten sollte. Denn diese Hierarchie bringt

auch die Wichtigkeit dieser Annahmen zum Ausdruck, sodass sukzessive die einzelnen Grundannahmen geprüft werden können.

- Die *erste Grundannahme* lautet, *dass die Vollzähligkeit und Gleichrangigkeit von Mitgliedern sozialer Systeme zu beachten ist, dass kein Mitglied ausgeschlossen werden darf.* Oder, anders formuliert: Werden Systemmitglieder ausgeschlossen, nicht beachtet, nicht gesehen, kann dies den sozialen Prozess lähmen, kann dies zu Problemen führen, die an unterschiedlichen Stellen auftauchen. Ich habe immer wieder erfahren können, dass dieses Prinzip besonders für Case-Management-Prozesse äußerst maßgeblich ist. Case Manager müssen sich permanent fragen, ob weitere wichtige Akteure – ob aus der Lebenswelt oder den formalen Systemen, spielt dabei keine Rolle – am Prozess beteiligt werden müssten. *Könnte es etwa sein, dass eine aktuelle Schwierigkeit damit zusammenhängt, dass ein bestimmter Akteur noch nicht beteiligt wurde? Ist gewährleistet, dass die Gleichrangigkeit der Akteure beachtet wird?* Obwohl in einer ressourcenorientierten Sozialen Arbeit besonders die lebensweltlichen Beteiligten bedeutend sind, werden sie mitunter zugunsten der formalen Akteure, der Professionellen, weniger beachtet, eher ausgeblendet. Dies könnte beispielsweise reflektiert werden.
- Wenn die Bedeutung der ersten Grundannahme für die Aufstellung geprüft wurde, ist es sinnvoll, die *zweite Grundannahme* zu betrachten: *Frühere Systemmitglieder haben Vorrang vor später Dazugekommenen.* In sozialen Systemen zeigt sich immer wieder, dass die Nichtbeachtung der Dauer der Systemmitgliedschaft zu unterschiedlichen Problemen führen kann. Wenn in einer Organisation beispielsweise ein neues Systemmitglied, etwa ein neuer Mitarbeiter, das, was die »alten« bisher aufgebaut, was sie entwickelt haben, zugunsten neuer Ideen infrage stellt, ist die Wahrscheinlichkeit des Widerstandes, der Ablehnung des neuen Kollegen groß. Grundsätzlich lässt sich sagen, dass sich Neues nur aufbauend auf dem Alten entwickeln lässt. Wenn das Alte nicht als solches geachtet wird, dann wird Neues oft nicht implementierbar. Sicher lassen sich für dieses Prinzip unterschiedlichste Beispiele und Kontexte finden. Im Zusammenhang von Case-Management könnte hier wieder das Verhältnis von Professionellen und Laien, etwa von Mitgliedern

helfender Einrichtungen und von Lebensweltakteuren (Verwandten, Freunden etc.) betrachtet werden. Da die Akteure der Lebenswelt zumeist die ältere Systemmitgliedschaft hinsichtlich eines relevanten Problemsystems aufweisen, sollte ihnen auch der Vorrang eingeräumt werden. Neue Lösungen für oft alte Probleme lassen sich nachhaltig nur implementieren, wenn der Vorrang der Lebensweltakteure vor den Professionellen beachtet wird. Hier könnte auch an das Subsidiaritätsprinzip gedacht werden.

- Die *dritte Grundannahme*, die in Erwägung gezogen werden kann, lautet, dass *jüngere Systeme Vorrang vor älteren haben*. Zumindest dann, wenn ein System von Dauer sein soll, müssen die Herkunftssysteme der Systemmitglieder des neuen Systems den Prioritätenwechsel akzeptieren: Nun spielt das neue System die erste Rolle, erst dann kommt das alte, zum Beispiel das Herkunftssystem. Auf der anderen Seite heißt dies auch, dass bestimmte neue Systeme, zum Beispiel Systeme von Helfern und Klienten, nur in sehr seltenen Fällen die Chance haben, alte, gewachsene, lebensweltliche Systeme aus ihrer Priorität zu verdrängen. Wenn für einen Klienten das System, das er mit einem Helfer bildet, wichtiger wird als das System, das er mit seinen lebensweltlichen Beziehungen bildet, mit seinen Verwandten, Freunden, Nachbarn etc., dann kann dies zwar vorübergehend durchaus sinnvoll sein, aber langfristig führt es zu Ineffektivität und Ineffizienz. Denn damit sind Abhängigkeitsbeziehungen vorprogrammiert, die wir vielleicht aus der Psychoanalyse kennen, die dort wohl auch gewollt sind, aber in einem lösungsorientierten Hilfeprozess vermieden werden müssten. Eine weitere an dieser Stelle wichtige Frage ist, ob die beteiligten Akteure die nötige Zeit und Energie für einen helfenden Kooperationsprozess innerhalb eines Hilfeverbundes bzw. eines Hilfesystems überhaupt einbringen können. Oder ob sie so stark an ihre Herkunftssysteme gebunden sind, dass Kooperationsprozesse kaum möglich sind. Sollte dies der Fall sein, ist darüber zu verhandeln, was an Zeit und Energie für einen Case-Management-Prozess aufzuwenden ist, wenn er nachhaltig wirksam werden soll.
- Die *vierte Grundannahme*, die wichtig sein kann, lautet: *Mitglieder, die Fähigkeiten und Leistungen einbringen, die für das*

Gesamtsystem förderlich sind, sollten besonders wertgeschätzt, geachtet und anerkannt werden. Oft kommt es zu Problemen, weil die beteiligten Akteure sich nicht gewürdigt sehen. Gerade in einem komplexen Case-Management-Prozess mit vielen Beteiligten kann ein diesbezügliches Wertschätzen und Achten zu kurz kommen. Daher sollten Case Manager besonders sensibel für die Fähigkeiten und Leistungen derjenigen sein, die den Prozess maßgeblich voranbringen, und sie explizit anerkennen. Engagement und das Einbringen von Fähigkeiten verebben oft, wenn sie nicht gesehen und wertgeschätzt werden. Letztlich verweist diese Annahme auf die grundsätzliche Haltung der Ressourcenorientierung, des Beachtens dessen, was klappt, was gelingt, was gut läuft.

- Neben den ersten beiden Metaprinzipien und den vier Grundannahmen hat sich schließlich die Wichtigkeit eines *dritten Metaprinzips* für soziale Systeme in vielen Systemaufstellungen gezeigt: *das Prinzip des Ausgleichs von Geben und Nehmen*, man könnte hier auch von *Austauschgerechtigkeit* sprechen. Soziale Systeme, genauer: die Bindungen zwischen den Mitgliedern stabilisieren sich über Geben und Nehmen. Soll ein sozialer Prozess erfolgreich laufen, dann müssen die Beteiligten das Gefühl haben, dass ihr Geben mit einem Nehmen einhergeht, das ihr Geben rechtfertigt. Bei Problemen in sozialen Systemen kann es sehr sinnvoll sein, genauer darüber zu reflektieren. Am Ende eines Hilfeprozesses ist es idealerweise so, dass keine »Schulden« mehr offen sind, dass ein Ausgleich von Geben und Nehmen für die Beteiligten fühlbar ist.

Neben den hier erwähnten Möglichkeiten, Systemaufstellungen in der Case-Management-Weiterbildung und -Supervision zu nutzen, gibt es viele weitere Ansatzpunkte für dieses Verfahren, deren Darstellung weiteren Veröffentlichungen vorbehalten bleiben muss. So können systemische Aufstellungen beispielsweise auch für die Ziel- und Handlungsplanung (Phasen vier und fünf des systemischen Case-Managements) genutzt werden. Auch die Evaluation (Phase sechs) lässt sich durch Aufstellungen erfahrungs- und körperorientiert realisieren. Genau genommen, kann in jeder Phase auf Aufstellungen zurückgegriffen und somit die Nachhaltigkeit des Prozesses erhöht werden. Auch in der Arbeit von Case-Managern mit Klienten und Akteuren des Case-Management-Netzes kann dieses Verfahren angewandt werden. So könnte in einem Einzelgespräch mit einem Klienten oder einem anderen Akteur mithilfe von auf den Boden gelegten Karten oder von Holz- oder Plastikfiguren, die es inzwischen in unterschiedlichen Formen für derartige Aufstellungen gibt, gearbeitet werden. Wie sich gezeigt hat, wirkt auch diese Aufstellungsform äußerst stark und offenbart sehr brauchbare Ergebnisse (Sparrer 2004, S. 111 f.). Entscheidend an diesem Verfahren ist jedoch, dass es von den maßgeblichen Prozessverantwortlichen (von Weiterbildungsdozenten, Supervisoren oder Case Managern selbst) erprobt, dass es in seiner Nützlichkeit getestet wird. Hierbei ist ein offener sowie spielerischer und experimenteller Umgang sinnvoll.

8 Es könnte auch ganz anders sein – oder: Der Horoskopeffekt systemischer Aufstellungen

Die Praxis zeigt es immer wieder: Systemische Aufstellungen wirken – und offenbaren etwas, was in Anlehnung an Matthias Varga von Kibéd und Insa Sparrer als »repräsentierende Wahrnehmung« (siehe ausführlich Kapitel 5) bezeichnet werden kann. Dabei ist allerdings noch nicht hinreichend geklärt, wie dieses Phänomen überhaupt zustande kommen kann. Bert Hellinger und seine Anhänger geben hier die etwas esoterische Erklärung, dass »wissende Felder« wirken. Dirk Baecker versucht, dem Phänomen soziologisch auf die Spur zu kommen. Einzelheiten dieser Erklärungen wurden in diesem Teil des Buches bereits diskutiert (siehe nochmals Kapitel 5). Wir können aber auch eine ganz andere Erklärung dafür versuchen: Systemische Aufstellungen wirken auf die gleiche Weise wie Horoskope wirken können: über die beobachtungsabhängige Bedeutungsgebung.

Ausgangspunkte

Wer hat nicht schon einmal aus skeptischer, aber interessierter und offener Neugierde heraus in einer Zeitung das aktuelle Horoskop für sein Sternzeichen gelesen, um dann mit Erstaunen feststellen zu müssen, dass es ja tatsächlich auf seine derzeitige Situation zutrifft? Im Folgenden vertrete ich die These, *dass systemische Aufstellungen möglicherweise genauso wirken wie Horoskope: Wenn ich sie mit interessierter Offenheit und Neugierde auf mich wirken lasse, werden sie mir mit hoher Wahrscheinlichkeit etwas Sinnvolles über mein Leben, meine derzeitige Problemsituation und auch über mögliche Auswege aus den derzeitigen Schwierigkeiten offerieren können.*

Ich will damit eine Antwort auf eine Frage zu geben versuchen, die sich viele verblüffte an systemischen Veranstaltungen Teilnehmende stellen, wenn sie die repräsentierende Wahrnehmung bemerken, dass also die mit in der Regel fremden Personen aufgestellten Konstellationen etwas Sinnvolles und Passendes über sie aussagen: *Wie kann das denn sein?* Das kann sein, so meine Antwort, weil hier der *Horoskopeffekt* wirkt.

Wir benötigen für diese Erfahrungen mit Aufstellungen nicht die Erklärung der »großen Familienseele« oder der »wissenden Felder«, mit der oder denen alle verstorbenen und lebenden Familienmitglieder in Verbindung stünden und die auch Einfluss hätten auf Aufstellungen mit fremden Personen, die vom Klienten zur Aufstellung seiner Familie ausgesucht werden. Des Rätsels Lösung muss nicht spirituell sein, sondern könnte genauso gut etwas zu tun haben mit drei Voraussetzungen, die ich etwas ausführlicher erläutern will:

- erstens: mit der Konstruktion und Unabschließbarkeit von Sinn und von Sinnverstehen
- zweitens: mit der Beziehung des Klienten zum Therapeuten
- drittens: mit der Bereitschaft des Klienten, die Aussagen der teilnehmenden Personen im Rahmen seiner Situation zu deuten.

Die Konstruktion und Unabschließbarkeit von Sinn und Sinnverstehen

Die klassische Lehre vom Verstehen, die Hermeneutik, geht davon aus, dass Verstehen wie das Übergeben von Botschaften abläuft, die abschließend, also ein für alle Mal, richtig gedeutet werden können (vgl. Hörisch 1998). Wenn wir uns den Begriff »Hermeneutik« anschauen, dann können wir – cum grano salis – mit Hörisch bemerken, dass diese beiden Bedeutungen, *die Botschaftsübergabe* und die *Abschließbarkeit der Botschaft*, im Begriff selbst enthalten sind. *Zum einen* können wir das Wort »Hermeneutik« auf *Hermes*, auf den Götterboten aus der griechischen Mythologie, zurückführen; und *zum anderen* lässt sich »Hermeneutik« auch mit etwas in Verbindung bringen, das *hermetisch*, also abgeschlossen ist.

Diese Auffassung von Hermeneutik als einem Sinnverstehen, das abschließbare Botschaften ernten will, löst sich spätestens mit der postmodernen Hermeneutik(kritik) Jacques Derridas auf. Mit Derrida (1988) können wir sagen, dass Hermeneutik der Form der *différance* entspricht. Demnach ist *Sinnverstehen ein permanentes Neuarrangieren von Unterschieden*, und zwar in sozialer, zeitlicher und sachlicher Hinsicht. Verstehen ist in einem steten Fluss. Und wir wissen nicht nur aus den asiatischen Weisheitslehren, sondern auch von Heraklit, einem alten Griechen, dass wir in denselben Fluss niemals zweimal steigen können.

Sinnverstehen ist davon abhängig, *wer* versteht (Sozialdimension), *wann* verstanden wird (Zeitdimension) und *was in welchem Kontext* verstanden wird (Sachdimension). Dasselbe (zum Beispiel ein Buch oder ein Wort) kann daher – in Abhängigkeit von den verstehenden Personen, der Zeit und dem Verstehenskontext – immer wieder anders verstanden werden, sodass es, genau genommen, niemals dasselbe bleibt, sondern höchstens noch das Gleiche bleiben kann.

Endgültiges Verstehen muss auf eine niemals erreichbare Zukunft hin *aufgeschoben* werden, bleibt also unmöglich. Wie der Horizont, der sich verschiebt, wenn wir ihn erreichen wollen, verschiebt sich das Verstehen in Richtung neuer Möglichkeiten, wenn wir es abschließen wollen. Verstehen ist möglich, aber immer nur unter der Prämisse der *Kontingenz*, das heißt, dass es in Relation zu den Personen, die verstehen wollen, zu den Zeiten, in denen verstanden wird, und zu den Verstehenskontexten und -motiven immer *auch anders möglich wäre.*

Wenn wir dies konstatieren, annehmen und voraussetzen können, dann hängt Verstehen mehr mit denjenigen zusammen, die verstehen wollen, als mit dem Sachverhalt, der verstanden werden soll. Mit einer etwas technischeren Formulierung könnten wir auch sagen: Verstehen wird vom Empfänger und nicht vom Sender und schon gar nicht vom Referenten (vom »Objekt« des Verstehens) bestimmt. *Verstehen ist ein Akt der Selbstreferenz.*

Wenn wir dies wissen, dann wird schon verständlicher, warum Horoskope »Wahrheiten« über uns sagen können: Denn wir sind selbst die Konstrukteure dieser »Wahrheiten«. Wir benutzen das Horoskop als ein *Medium,* in das wir unsere Bedeutungen hineinschreiben. Als ein solches Medium, in das die Klienten ihre Bedeutungen hineinschreiben, hineininterpretieren, hineintragen, hineinimaginieren, sehe ich auch systemische Aufstellungen.

Berater-/Therapeut-Klient-Beziehung

Damit der Klient für ihn sinnvolle Bedeutungen mithilfe des Mediums Aufstellung konstruieren kann, muss zweifellos eine Grundvoraussetzung jeder therapeutischen und sozialarbeiterischen Beziehung erfüllt sein: Die Beziehung zwischen Berater und Klient muss *erstens* von Sympathie, Offenheit und Akzeptanz sowie *zweitens* von Komplementarität gekennzeichnet sein.

Mit dieser These klingt nicht nur Carl Rogers an, sondern es wird auch zweierlei bedeutsam, was wir bei Paul Watzlawick und seinen

Kollegen (1969) nachlesen können: *zum einen*, was mit der Unterscheidung von kommunikativen Beziehungs- und Inhaltsaspekten markiert, und *zum anderen*, was als komplementäre Kommunikation bezeichnet werden kann. Wir können demnach davon ausgehen, dass die Qualität der Beziehung der Kommunikationsteilnehmer bestimmt, ob und wie die Inhalte der Kommunikationen angenommen, ja gedeutet, interpretiert, kurz: verstanden werden können.

Wenn die Beziehung von Sympathie, Offenheit und Akzeptanz gekennzeichnet ist, dann erhöht sich die Wahrscheinlichkeit der Annahme der Kommunikationsangebote, es kommt zu wechselseitigen Bestätigungen der jeweiligen Kommunikationsinhalte, was wiederum zurückwirkt auf die Gestaltung der Beziehung; der sympathische, offene, akzeptierende Charakter der Beziehung kann bestätigt, bestärkt, weiter ausgebaut werden. Und ein Weiteres kommt hinzu: Wenn neben den zuerst genannten Bedingungen die Beziehung von Klient und Therapeut von Komplementarität, also von der Annahme des Rollenunterschieds von »Laie« (Klient) und »Experte« (Berater/Therapeut), gekennzeichnet ist, dann sind alle Türen dafür geöffnet, dass der Klient das, was die aufgestellten Repräsentanten sowie der Berater sagen, so verstehen kann, dass es etwas aussagt über seine Situation, seine Probleme und über eventuelle Auswege aus ihnen.

Situationsbezogene Deutung der Aussagen der Repräsentanten und des Beraters

Schließlich ist es vielleicht fast überflüssig zu betonen, dass das erfolgreiche Verstehen der Ergebnisse der Aufstellungsarbeit durch den Klienten von seiner Bereitschaft abhängt, die Aussagen des Beraters und der anderen beteiligten Personen innerhalb des Rahmens, des Kontextes seiner eigenen Problemsituation zu deuten. Wenn der Klient von vornherein oder im Laufe der psychosozialen Arbeit erwartet, dass ihm durch die Aufstellung etwas Relevantes über sein Leben gesagt werden kann, dann erhöht sich die Wahrscheinlichkeit, dass er auch etwas hören, verstehen wird, das von ihm genauso gesehen werden kann. Auf der anderen Seite heißt das dann aber auch, dass Personen, die dieser Methode äußerst skeptisch gegenüberstehen, sie etwa nicht ernst nehmen können, sie innerlich vielleicht völlig ablehnen, aller Wahrscheinlichkeit nach kein oder kaum Verstehen aufbringen können, um die Aussagen der Teilnehmer so zu deuten, dass sie passend dafür sind, die Problemsituation konstruktiv anzugehen.

Wenn es aber erst einmal erreicht wurde, dass der Klient seinen eigenen Problemkontext in der Aufstellung wiedererkennt, besser: dort hineinversteht, hineininterpretiert, dann ist dieses Medium eine wunderbare und äußerst hilfreiche Möglichkeit, Problemsituationen zu modellieren. Die besondere Brauchbarkeit der Aufstellungsarbeit kommt vor allem dadurch zur Wirkung, dass etwas durch gefühlsbegabte Menschen, die lachen, weinen und wüten können, simuliert werden kann, was sonst gemeinhin lediglich sprachlich konstruiert wird: eine konkrete soziale Situation mit ihren unterschiedlichen Perspektiven. Dadurch erhöht sich die Wahrscheinlichkeit des Eintretens einer wichtigen Voraussetzung für erfolgreiche Beratungen, dass nämlich gefühlsbesetzte und gefühlsinduzierende Erfahrungsräume entstehen, innerhalb deren Klienten an ihrem Erleben, genauer: an ihrem Fühlen, Denken und Verstehen »arbeiten« können.

Teil 3: Tetralemmawanderungen

9 Differenz und Ambivalenz – Postmoderne Paradigmen in der sozialwissenschaftlichen Praxis

In diesem Kapitel wird Soziale Arbeit als eine mit Ambivalenzen aufgeladene Praxis beschrieben. Damit diese Praxis professionell gestaltet werden kann, ist eine Haltung vonnöten, die einen akzeptierenden Umgang mit Ambivalenzen erlaubt. Zudem sind Verfahren erforderlich, die konstruktive und passende Ambivalenzentfaltungen ermöglichen. Beides wird hier im Rückgriff auf Positionen der postmodernen Sozialphilosophie (Stichwort: Dekonstruktion) und der systemisch-konstruktivistischen Methodik geboten. Dabei wird das Modell des Tetralemmas vorgestellt und hinsichtlich seiner Brauchbarkeit für sozialarbeiterische Praxis- und Reflexionsprozesse veranschaulicht. Schließlich wird nach einer Lehrgeschichte zur beispielhaften Veranschaulichung des Tetralemmas ein mögliches Vorgehen für eine sogenannte Tetralemmawanderung präsentiert.

Differenz und Ambivalenz – Ein dekonstruktiver Einstieg

Das Thema dieses Kapitels ist (auch) ein alltägliches. Immer dann, wenn wir Entscheidungen zu treffen haben, werden wir mit ihm konfrontiert. Eine Entscheidung ist eine Situation, in der wir mindestens zwischen zwei Möglichkeiten stehen, uns für die eine oder die andere aussprechen wollen oder sollen, in der wir also vor die Wahl gestellt sind, die bekanntlich eine Qual sein kann. Wenn es keine Alternative gäbe, wenn wir nicht wählen könnten, dann müssten wir nicht entscheiden, dann wäre der jeweilige Sachverhalt klar, aus welchen Gründen auch immer wäre er bereits entschieden. Damit offenbart jede Entscheidungssituation eine *Differenz*, und zwar zwischen mindestens zwei Möglichkeiten.

Aber auch der zweite Aspekt meines Themas kann sich bei Entscheidungssituationen schnell einstellen: die *Ambivalenz*. Wenn es uns schwerfällt, die Entscheidung für das eine und damit quasiautomatisch gegen das andere zu treffen, pendeln wir vielleicht eine Zeit lang hin und her, sind unsicher, finden möglicherweise beide Alternativen passend und scheuen daher die Wahl. Das, was wir zu entscheiden haben, erscheint uns in einer solchen Situation nicht mehr eindeutig, es entzieht sich der klaren Bewertung und changiert zwischen wenigstens zwei Polen der Betrachtung, die gleichermaßen möglich, plausibel und passend wirken. Wir erleben damit gewissermaßen eine Kippbildrealität, eine Unbestimmtheit, die unser Denken oszillieren lässt. Ähnlich wie bei sogenannten Vexierbildern trudelt unser Blick zwischen der einen und der anderen Seite.

In Anlehnung an Jacques Derrida (1972), einem Pionier der poststrukturalistischen bzw. postmodernen Philosophie, könnten wir sagen, dass wir in einer solchen ambivalenten Situation etwas erleben, was als eine *dekonstruktive Erfahrung* bezeichnet werden kann. Dabei spüren wir zweierlei, und zwar *zum einen*, wie in uns (in unserem Denken) oder auch zwischen uns und anderen (in unseren Gesprächen) permanent die Hierarchien der Entscheidungsalternativen umstürzen. Mal neigen wir zur einen Alternative, mal zur anderen. Wir erfahren etwas, das kürzer oder auch länger andauern kann: die Unfähigkeit, eine eindeutige Entscheidung zu treffen. *Zum anderen* merken wir, dass die Struktur unserer Welt durch unsere Entscheidung für das eine oder das andere bzw. durch unser Verharren in der Ambivalenz, in der Unentschiedenheit geprägt wird. Wir erleben uns damit in der Verantwortung als Konstrukteure unserer Wirklichkeit. Die Realität, die uns prägt, rotiert in einem zirkulären Prozess; denn sie wird auch von uns selbst, von unserem Entscheiden oder Nichtentscheiden, mitgeprägt. Genau genommen, ist auch das Nichtentscheiden, das In-der-Schwebe-Halten der Alternativen, eine Entscheidung. Denn frei nach Paul Watzlawick ließe sich sagen: Man kann nicht *nicht* entscheiden.

Wie die Sozialwissenschaften in den letzten Jahrzehnten immer wieder diagnostizieren, gehören solche Situationen, die von Entscheidungsdifferenzen und -ambivalenzen gekennzeichnet sind, zur Kernerfahrung heutiger Individuen und offenbaren sich zudem in nahezu allen sozialen Institutionen (beispielhaft Bauman 1991; Beck 1993; Fuchs 2007). Eine Erklärung dafür ist sicherlich die These der soziologischen Systemtheorie vom enormen Zuwachs an Komplexität, den die moderne Gesellschaft durch unterschiedlichste soziale und technologische Prozesse kontinuierlich erfährt (Luhmann 1997b). Und Komplexität heißt nichts anderes als die Vielfalt von Möglichkeiten der Verknüpfung von Relationen, zum Beispiel im Denken und Handeln. Komplexe Situationen sind demnach solche, in denen wir mit unermesslich zahlreichen Optionen konfrontiert sind und trotz dieser Unübersichtlichkeit wählen müssen, in denen wir – mit Niklas Luhmann gesprochen – Verfahren brauchen, die eine angemessene *Reduktion dieser Komplexität* erlauben.

Nahezu alle anspruchsvollen Aufgaben, die wir bewältigen müssen, zu lösen haben, sind heute durch Komplexität gekennzeichnet und erfordern daher passende Verfahren zur Komplexitätsreduktion. Allerdings ist es nicht selten, dass wir, bevor wir die Komplexität reduzieren können, zunächst die Vielfalt der Möglichkeiten wahrnehmen, betrachten, abwägen sollten, bevor wir die passende Entscheidung treffen können. Auch dafür benötigen wir Verfahren, die uns dabei unterstützen. Die Postmoderne, verstanden – in Anlehnung an Jean-François Lyotard (1981), Umberto Eco (1983) oder Zygmunt Bauman (1991) – als eine *Gemüts- und Geisteshaltung*, soll uns dabei helfen, sowohl solche von Differenzen und Ambivalenzen aufgeladenen komplexen Situationen anzunehmen als auch Verfahren herzustellen, die es ermöglichen, angemessene Strategien der kreativen Komplexitätsbearbeitung zu entwickeln und zu nutzen.

Hier wird anhand der Sozialen Arbeit vorgeführt, wie sich die bereits angedeuteten Differenzen und Ambivalenzen in besonders ausgeprägter und gesteigerter Form zeigen. Weiterhin erscheint diese sozialwissenschaftliche Praxis als Vorreiterin in der Entwicklung und kreativen Nutzung von Verfahren zum angemessenen und kreativen Umgang mit Komplexität. Angesichts der Komplexität des sozialarbeiterischen Feldes wird ein Verfahren, nämlich das *Tetralemmamodell*, vorgestellt und anhand einer sozialarbeiterischen Ambivalenz knapp und skizzenhaft entfaltet.

Soziale Arbeit als Beispiel

Seitdem die Soziale Arbeit begonnen hat, sich als ein eigenständiges gesellschaftliches Professionssystem auszudifferenzieren, also seit Ende des 19. bzw. seit Anfang des 20. Jahrhunderts, werden die zahlreichen Ambivalenzen in diesem Feld immer wieder thematisiert (etwa Mühlum et al. 1997, S. 181). Vielleicht können wir sogar davon sprechen, dass Soziale Arbeit eine postmoderne Profession ist (Kleve 2007d, 2000a), weil sie ihre Ambivalenzen nicht überwinden kann und eine Gemüts- und Geisteshaltung herausfordert, die es ermöglicht, ambivalente Spannungen auszuhalten und konstruktiv zu entfalten. In diesem Sinne konstatiert C. Wolfgang Müller (1999,

S. 1), dass die »Kultivierung gemischter Gefühle als sozialpädagogischer Beitrag zur Post-Moderne« bewertet werden kann. Gerade in der Sozialen Arbeit, so Müller (ebd., S. 12), »müssen (alle) wissen, [...] können oder [...] lernen, mit Gefühlen umzugehen, die angesichts ambivalenter Situationen angemessen sind«. Denn das, was sich in der sozialarbeiterischen Praxis an Ambivalenzen zeigt, offenbart sich nicht nur angesichts von Entscheidungsalternativen. Vielmehr ist die Ambivalenz für die Soziale Arbeit konstitutiv. Dies führt bereits die Entstehungsgeschichte der Sozialen Arbeit vor Augen.

Diese Geschichte konfrontiert uns nämlich mit der Ambivalenz gesellschaftlicher Entwicklung oder, in loser Anlehnung an Max Horkheimer und Theodor W. Adorno (1947) gesprochen: mit der (negativen) Dialektik der Aufklärung. Soziale Arbeit resultiert aus dem Phänomen, dass die Lösungen des sozialen Fortschritts (etwa Industrialisierung, Säkularisierung, Individualisierung sowie Spezialisierung und Differenzierung von Professionen und Wissenschaftsdisziplinen) mit neuartigen Problemen verschweißt sind. Diese neuartigen Probleme, die etwa auf Erscheinungen wie Massenarmut, individuelle Isolation, subjektiven Sinnverlust, familiäre und andere soziale Desintegrationen verweisen, überfordern die klassischen Instanzen sozialer Problembearbeitung, vor allem die Kirchen und Familien sowie die klassischen Professionen (Medizin sowie Psychologie bzw. Psychotherapie und Jurisprudenz) und fordern ein neues Professionssystem heraus: die Soziale Arbeit. Diese Profession könnte nun aufgefasst werden als eine Praxis, die erst dadurch entsteht, dass die Moderne mit ihren Lösungen zugleich (neue) Probleme schafft, die zudem mit den herkömmlichen Prinzipien moderner Professionen nicht zu bearbeiten sind.

Moderne Professionen konstituieren sich durch die Prinzipien der Spezialisierung und Differenzierung. Vereinfachend könnten wir demnach feststellen, dass die Medizin ihren Blick vor allem auf den Körper richtet und dazu neigt, all die ihr angetragenen menschlichen Symptome auf biologische, also somatische Ursachen zurückzuführen. Die Psychologie bzw. Psychotherapie verfährt ähnlich, ersetzt ihre Erklärungen allerdings tendenziell durch einen Reduktionismus auf das psychische System des Menschen. Eine große Leistung von Sigmund Freud war sicherlich, dass er deutlich machen konnte, dass selbst körperliche Symptome psychischen Ursprung haben können. Die Juristen schließlich neigen dazu, ihre Perspektive auf Fragen der normativen Regelung des Sozialen einzuschränken.

Solche professionellen Reduktionen und Spezialisierungen sind in der Sozialen Arbeit kaum möglich. Denn sie erwächst ja gerade aus den Problemen, die die reduktionistischen und spezialisierten Perspektiven schaffen. Dies bringt bereits eine der ersten Sozialarbeitswissenschaftlerinnen, nämlich Alice Salomon (1928, S. 139 f.; Hervorh. im Orig.), auf den Punkt, wenn sie formuliert, dass sich diese Profession auf die »Einheit des Menschen« zu beziehen habe:

> »So notwendig es aber auch ist, die verschiedenen Erscheinungsformen der Not und ihre Ursachen deutlich zu erfassen, so vergewaltigt doch alle begriffliche Formulierung und Einteilung das Leben in seiner Einheit und Mannigfaltigkeit. Der Mensch, dem alle Wohlfahrtspflege gilt, ist ein unteilbares Wesen (Individuum, d. h. Unteilbares). Man kann seine wirtschaftlichen, geistig-sittlichen und gesundheitlichen Bedürfnisse nicht voneinander lösen und als gesonderte Angelegenheiten betrachten. Der Notstand, in dem ein Mensch sich befindet, die soziale Schwierigkeit, die ihn trifft, hängen meist mit den verschiedenen Seiten seines Wesens zusammen. Die Ursachen der Not sind oft ebenso unlösbar miteinander verknüpft, wie die menschlichen Bedürfnisse es sind. Man kann die Wirtschaft eines Menschen nicht völlig von seiner Gesundheit und Bildung ablösen. Man kann seine Erziehung und Bildung nicht ohne Rücksicht auf berufliche und wirtschaftliche Zwecke gestalten. Man kann seine Gesundheit nicht fördern, wenn es ihm an Einsicht und Willen, an geistigen und sittlichen Kräften fehlt und wenn die Wirtschaftslage eine gesunde Lebensweise zunichtemacht. Darum ist *der Mensch in seiner Einheit Gegenstand der Wohlfahrtspflege,* nicht seine wirtschaftliche Lage oder seine Gesundheit oder seine Sittlichkeit.«

Salomon beschreibt hier etwas, das wir den *doppelten Generalismus* der Sozialen Arbeit nennen können (Kleve 2000a, S. 94 ff.), nämlich *zum einen* den Bezug dieser Profession auf inzwischen nahezu alle Bereiche der Gesellschaft *(= universeller Generalismus)* und *zum anderen* die besondere, multidimensionale bzw. biopsychosoziale Orientierung der Sozialen Arbeit in ihren jeweiligen Arbeitsfeldern und bezüglich ihrer einzelnen Fälle *(= spezialisierter Generalismus).*

Aus dem doppelten Generalismus resultiert die Schwierigkeit, Soziale Arbeit im klassischen Sinne zu verwissenschaftlichen. Denn genau wie bei der Professionalisierung gelten hinsichtlich der Verwissenschaftlichung die modernen Prinzipien der Spezialisierung und

Differenzierung, die die Soziale Arbeit nicht erfüllen kann. Demnach kann die Sozialarbeitswissenschaft nicht als eine klassische Wissenschaftsdisziplin konzipiert werden, sie ist eher transdisziplinär verfasst (Wendt o. J.). Der Begriff der »Transdisziplinarität« verweist auf den Verflechtungscharakter der einzelnen Wissenschaftsdisziplinen, auf ihre Zusammenhänge und Verbindungen (vgl. Welsch 1996, S. 946 f.), wenn es um Fragen von komplexen biologischen, psychischen oder sozialen Dynamiken des menschlichen Lebens geht.

Jedenfalls resultieren sowohl aus der professionellen wie auch aus der wissenschaftlichen Verfassung der Sozialen Arbeit zwangsläufig zahlreiche Konflikte, denen mannigfaltige Differenzen hinsichtlich Erwartungen, Orientierungen und Anforderungen vorausgehen und die schließlich die Soziale Arbeit als praktisches wie als theoretisches Feld mit unterschiedlichsten Ambivalenzen konfrontieren. Immer noch werden diese Differenzen und Ambivalenzen in der Sozialen Arbeit als Defizite bewertet, als Phänomene, die wegoperationalisiert, die zugunsten von Eindeutigkeit und klassischer Rationalität therapiert werden müssten. Die Postmoderne erlaubt hier eine andere Haltung: Sie schließt Frieden mit Differenz und Ambivalenz und offeriert Verfahren, die einen passenden, kreativen und angemessenen Umgang mit diesen Phänomenen erlauben (siehe dazu bereits Kapitel 1).

Das Tetralemma – Ein Verfahren zum Differenz- und Ambivalenzmanagement

Erinnern wir uns an den Ausgangspunkt der Argumentation: Differenzen und Ambivalenzen hängen dann zusammen, wenn wir mit mehreren (differenten) Optionen konfrontiert sind, zwischen denen wir wählen können, uns die Wahl aber nicht leichtfällt, weil alle Optionen entweder gleichermaßen passend oder vielleicht sogar gleichzeitig wichtig erscheinen. Solche Situationen führen zu Ambivalenzen, zu Unentscheidbarkeiten. In der Sozialen Arbeit erleben die Professionellen solche Ambivalenzen täglich. Die Vielfalt der Kontexte, die die Soziale Arbeit bestimmen, führt zwangsläufig zu Situationen von Uneindeutigkeit, in denen beispielsweise unterschiedliche, ja gegensätzliche Erwartungen gleichzeitig zu erfüllen sind, in denen alternative Optionen nicht einfach durch eine klassische Entscheidung für eine Möglichkeit ausgegrenzt werden können.

Wir beobachten in der sozialarbeiterischen Praxis also eine Vielzahl ambivalenter Spannungsfelder; diese hier im Einzelnen aufzuführen, würde den Rahmen sprengen (ausführlich dazu etwa Kleve 2007d, 2000a). Daher soll im Folgenden beispielhaft lediglich auf eine klassische sozialarbeiterische Differenz verwiesen werden, die die Professionellen immer wieder vor schwierige Entscheidungssituationen stellt: die *Doppelorientierung von Hilfe und Kontrolle*. Demnach hat Soziale Arbeit (wie derzeit vor allem im Kontext der Kinder- und Jugendhilfe wieder verstärkt angemahnt wird) Familien zugleich zu helfen und sie hinsichtlich der angemessenen Pflege, Betreuung, Förderung und Erziehung ihrer Kinder zu kontrollieren. Wie kann nun dieser Spagat zwischen Hilfe und Kontrolle gelingen?

Sicherlich lässt sich diese Frage nur hinsichtlich konkreter Einzelfälle adäquat beantworten. Aber angesichts der Doppelorientierung von Hilfe und Kontrolle wollen wir ein Verfahren betrachten, nämlich das *Tetralemmamodell*, das nicht nur in der Sozialen Arbeit helfen kann, passende Handlungen und Strukturen in ambivalenten Situationen zu finden. Darüber hinaus nützt dieses Modell in nahezu jeder ambivalenten Situation zur kreativen Konstruktion von neuen Möglichkeiten des Handelns. Damit dieses Verfahren nicht nur abstrakt und allgemein präsentiert wird, wird die Ambivalenz von Hilfe und Kontrolle als Beispiel genommen, um einige wenige Möglichkeiten zur Nutzung dieses Verfahren darzustellen.

Das Tetralemmamodell, so wie es hier vorgestellt wird, ist eine Entwicklung des Logikers Matthias Varga von Kibéd und der Psychologin Insa Sparrer, die dazu eine umfangreiche Monografie publiziert haben (Varga von Kibéd u. Sparrer 2009); es ist allerdings keine europäische Erfindung, sondern verweist auf ein altes asiatisches Prinzip im Rechtswesen:

> »Das Tetralemma ([...] ›vier Ecken‹ im Sinne von vier Positionen oder Standpunkten) ist eine Struktur aus der traditionellen indischen Logik zur Kategorisierung von Haltungen und Standpunkten. Sie wurde im Rechtswesen verwendet zur Kategorisierung der möglichen Standpunkte, die ein Richter zu einem Streitfall zwischen zwei Parteien einnehmen kann. Er kann der einen Partei recht geben oder der anderen Partei oder beiden (jeder hat recht) oder keiner von beiden. Diese vier Positionen wurden von buddhistischen Logikern [...] um die Negation des Tetralemmas (die sogenannte vierfache Negation [all dies nicht – und selbst das nicht; H. K.]) erweitert« (ebd., S. 77).

Das (negierte) Tetralemma

- *Die eine Position (»das Eine«):* der aktuell präferierte Standpunkt.
- *Die andere Position (»das Andere«):* der alternative Standpunkt.
- *Beide Positionen (»Beides«):* übersehene Vereinbarkeiten von beiden Positionen.
- *Keine von beiden Positionen (»Keines von Beiden«):* übersehene Kontexte, die die ambivalente Differenz zwischen beiden Positionen erst erzeugen oder aus ihr hinausführen.
- *Weder die eine noch die andere Position – und auch nicht Beides oder Keines von Beiden und selbst das nicht (»All dies nicht und selbst das nicht«):* die Negation aller Positionen und die Negation dieser Negation – also ein ganz anderer Standpunkt.

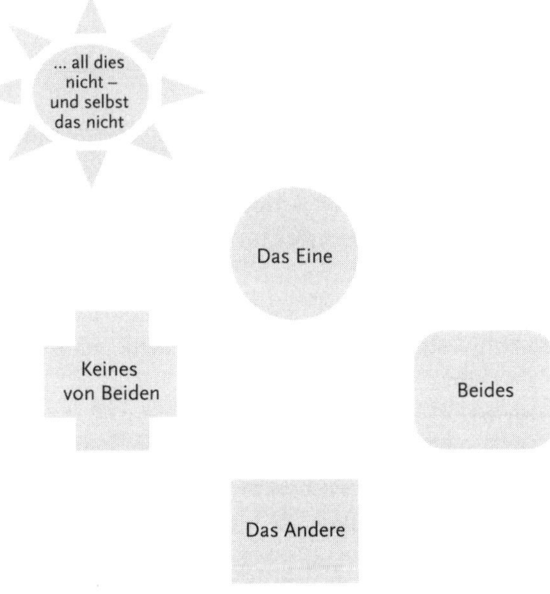

Abb.: Das (negierte) Tetralemma

Eine Lehrgeschichte

Hinsichtlich der Konfliktvermittlungsmethode Mediation wird häufig eine Lehrgeschichte präsentiert, die sich auch gut eignet, um das Tetralemma und seine verschiedenen Positionen nachzuvollziehen. In diesem Beispiel wird von zwei Schwestern erzählt, die sich um eine Apfelsine streiten. Beide zerren an der Apfelsine, jedes der beiden Mädchen möchte die ganze Apfelsine für sich haben. Die eine Schwester würde im Rahmen des Tetralemmas die eine Position vertreten (das Eine) und die andere Schwester die andere Position (das Andere).

Wenn wir nach der Möglichkeit von »Beides« fragen – danach, ob es bisher übersehene Vereinbarkeiten bzw. Verbindungen zwischen der einen und der anderen Position gibt –, dann könnten wir natürlich schnell auf den *Kompromiss* kommen. Die beiden Schwestern einigen sich, indem sie die Apfelsine einfach teilen, jede bekommt eine Hälfte. Möglich wären aber auch andere Lösungen: Die Schwestern könnten sich auch darüber einigen, dass heute die eine die ganze Apfelsine bekommt. Und beim nächsten Mal, wenn wieder eine solche Entscheidung ansteht, dann profitiert die andere Schwester und die erste übt Verzicht. Das wäre eine *Kontexttrennung in der Zeit.*

Auch eine *sachliche Kontexttrennung* wäre denkbar: Hinsichtlich der Apfelsine könnte dann so entschieden werden, dass eine Schwester, sagen wir mal: Schwester A, die ganze bekommt, und hinsichtlich einer anderen Sache wäre es dann so, dass Schwester B die entsprechende Sache für sich entscheiden kann. Jedes Mal würden wir hier von einer »Beides-Lösung« sprechen können, da beiden Schwestern damit entsprochen wird, beide müssten damit dann also einverstanden sein.

Wenn wir einen Schritt weiter gehen, und zwar in Richtung »Keines von Beiden«, dann würden wir nach übersehenen Kontexten fragen, die erst den Konflikt der beiden Schwestern bedingt oder gar verursacht haben. So könnten wir etwa nach den jeweiligen *Interessen* forschen, die beide Schwestern jeweils motivieren, die Apfelsine besitzen zu wollen. In dieser Lehrgeschichte der Mediation verbirgt sich hier freilich der entscheidende Aspekt, nämlich der *bisher übersehene Kontext der Bedürfnisse* beider Schwestern: Beide wollen zwar dasselbe, die Apfelsine, dieses Wollen ruht aber auf unterschiedlichen Bedürfnissen bzw. Interessen. Die eine Schwester möchte mit dem Fruchtfleisch der Apfelsine einen Orangensaft produzieren, die andere hat vor, die Apfelsinenschale als Aromabasis für einen Kuchen zu verwenden. Wir sind damit an einer Stelle angelangt, wo deutlich wird, worum es den Schwestern »eigentlich« geht. Genau damit sind wir beim Kern von »Keines von Beiden« und können eine andere Lösung, in diesem Fall sogar eine deutlich befriedigendere Lösung finden: Die eine Schwester bekommt das gesamte Fruchtfleisch für den Saft, die andere Schwester bekommt die gesamte Schale für das Kuchenaroma.

Wenn wir abschließend nach der fünften Position »... all dies nicht – und selbst das nicht« suchen, dann könnten wir sicherlich an unzählige Möglichkeiten denken, die den Konflikt zwischen den Schwestern verändern würden. So wäre es vorstellbar, dass die Schwestern während ihres Streits merken, wie absurd es ist, so intensiv und kräftezehrend um etwas zu ringen, was so wichtig vielleicht gar nicht ist; sie könnten erkennen, dass es geradezu lächerlich ist, wie stark ihr Streit um die Apfelsine geworden ist. Beide würden vielleicht tatsächlich anfangen zu lachen – über sich selbst und ihren heftigen Streit und könnten vermutlich so ihre Fixierung auf die Apfelsine aufgeben. Damit hätten wir den *Humor* und das *Loslassen* als Varianten der fünften Tetralemma-Position im Blick.

Es könnte aber auch etwas ganz Anderes passieren – etwas, das die beiden Schwestern nicht kontrollieren können, das von ihnen ungeplant im Außen geschieht: So wäre es durchaus möglich, dass die Mutter den Konflikt für die Schwestern entscheidet. Auch so etwas Ungeplantes, *Unvorhergesehenes* kann diese Tetralemmaposition verdeutlichen. Aber die fünfte Position fassen zu wollen, widerspricht dieser Position: Sie markiert das Nichtfassliche, eine Leerstelle, die plötzlich mit etwas gefüllt wird und somit alles hinsichtlich der Ambivalenz oder des Konfliktes verändern kann.

Allein schon die gedankliche Vergegenwärtigung der möglichen, ja erweiterten Positionen innerhalb von ambivalenten Situationen kann befreiend wirken. Denn es wird nun deutlich, dass durchaus dritte, vierte und sogar fünfte Wege möglich sind, während bisher lediglich zwischen zwei Richtungen gependelt wurde. Allerdings ist es ratsam, dass man das Tetralemmamodell systematisch einsetzt, um innerhalb widersprüchlicher Situationen, die die gemischten Gefühle erzeugen, alternative Wege, neue Handlungsideen und ungeahnte Optionen zu kreieren. Dieses systematische Vorgehen kann in Anlehnung an Varga von Kibéd und Sparrer als *Tetralemmawanderung* bezeichnet werden. Während einer Tetralemmawanderung werden gedanklich, im Gespräch mit einem unterstützenden Gegenüber oder in Form einer »Systemischen Strukturaufstellung« (Sparrer 2006) die einzelnen Positionen intensiv durchlaufen (zu einer exemplarisch durchlaufenen Ambivalenz siehe Kleve 2007a, S. 50 ff.). Dabei haben sich verschiedene Fragestellungen als unterstützend erwiesen, von denen einige wenige im Folgenden äußerst knapp und eher oberflächlich am Beispiel der Ambivalenz von Hilfe und Kontrolle erläutert werden.

Zu Beginn einer Tetralemmawanderung muss deutlich sein, um welche Ambivalenz es sich handelt, welche beiden Pole für *das Eine* (zum Beispiel: Hilfe) und *das Andere* (zum Beispiel: Kontrolle) stehen. Zunächst wird das Eine betrachtet; hier ist es ratsam, denjenigen Pol als das Eine zu bezeichnen, der aktuell präferiert wird. Dann bieten sich Fragen an, die zunächst erhellen, was für diese Seite spricht, welche Effekte die Entscheidung für diese Seite mit sich bringen könnte. Wenn ausführlich – auch hinsichtlich der Gefühle, die mit dem Einen einhergehen – nachgedacht oder gesprochen wurde, erfolgt der Wechsel zum Anderen. Diesbezüglich werden die gleichen Fragen beantwortet: Was spricht für das Andere? Welche Effekte hätte eine Entscheidung für das Andere? Welche Gefühle entstehen bei diesem vertieften Betrachten des Anderen?

Wenn wir das Tetralemmamodell beispielsweise benutzen, um angesichts eines Falls die Ambivalenz von Hilfe und Kontrolle abzuwägen, wäre es zunächst (wie in jeder ähnlich ambivalenten Dilemmasituation) angemessen, alle Gründe aufzuführen, die einerseits das Helfen und andererseits das Kontrollieren notwendig erscheinen lassen. Damit steigern wir genau genommen die Ambivalenz – beide Seiten, Hilfe und Kontrolle, werden in ihrer Bedeutung augenscheinlicher.

Das Tetralemmamodell kann mit seinen weiteren Positionen nun dabei helfen, aus dieser ambivalenten Binarität, aus der Zwei- oder Doppelwertigkeit hinauszuspringen. So kann also die dritte Position eingenommen werden: *Beides*. Nun wird nach *übersehenen Vereinbarkeiten* gefragt. Dazu eignen sich insbesondere Fragen, die nach möglichen *Scheingegensätzen*, nach *Kontexttrennungen* und *paradoxen Verbindungen* fragen: Sind die gegensätzlichen Standpunkte möglicherweise auf einer anderen Betrachtungsebene bzw. aus einer bestimmten Perspektive vereinbar? Sind das Eine und das Andere möglicherweise *zeitlich nacheinander, räumlich nebeneinander* oder *personell getrennt* vereinbar? (= *Kontexttrennung.*) Stehen das Eine und das Andere möglicherweise in einem sich gegenseitig bedingenden Verhältnis zueinander, indem das eine das Andere voraussetzt – und umgekehrt? *(= Paradoxe Verknüpfung.)*

Hinsichtlich der Ambivalenz von Hilfe und Kontrolle hat sich in der Kinder- und Jugendhilfe gezeigt, dass es hilfreich ist, klare *Kontexttrennungen* zu realisieren. Denn mit Reinhart Wolff (1997, S. 8) können wir davon ausgehen, dass

> »[w]idersprüchliche Systemorientierungen, doppelte Mandate, […] diejenigen, die auf Hilfe angewiesen sind oder die von Hilfe profitieren könnten, regelrecht verrückt (machen). Jedenfalls verwirren sie die Prozessfantasien und Prozesserwartungen der Klienten ebenso wie die der sozialen Fachkräfte.«

Wie können nun Kontexttrennungen, die Hilfe und Kontrolle miteinander verbinden und zugleich voneinander differenzieren, aussehen?

In Fällen, in denen die Frage des Kinderschutzes im Mittelpunkt steht, hat sich bewährt, dass die helfenden Personen und die kontrollierenden Personen klar voneinander unterschieden werden (Conen u. Cecchin 2007). Hilfe und Kontrolle sind passend vereinbar, wenn diejenigen, die helfen, dies auch eindeutig und ausschließlich tun und wenn diejenigen, die kontrollieren, eindeutig und stringent die Kontrollaspekte praktizieren. So hat es in der Kinder- und Jugendhilfe Sinn, wenn die Mitarbeiter der Jugendämter, der Allgemeinen Sozialpädagogischen Dienste in Kinderschutzkontexten klare und eindeutige Kontrollaufgaben übernehmen und den Familien gegenüber signalisieren, warum sie welche Aspekte der familiären Situation kontrollieren werden. Zu dieser Kontrolle muss sich dann das Angebot eines weiteren Hilfeträgers gesellen, der in Absprache mit dem Jugendamt der betreffenden Familie und ihren Kindern ein klares und unterstützendes Hilfeangebot offeriert. Dieses Hilfeangebot kann auch dann greifen, wenn die Familie möglicherweise keine Hilfe und schon gar keine Kontrolle möchte; dann lautet das Beziehungsangebot des Hilfeträgers: »Wie kann ich Ihnen dabei helfen, dass Sie die Kontrolle des Jugendamtes und meine/unsere Hilfe wieder loswerden?« (ebd.; sowie Hampe-Grosser 2006).

Neben dieser Kontexttrennung hinsichtlich der kontrollierenden und helfenden Personen lädt die Position *Beides* dazu ein zu prüfen, ob weitere Verbindungslinien gefunden werden können, die das Eine und das Andere konstruktiv vereinen können. So ließe sich beispielsweise nach paradoxen Verknüpfungen suchen, danach, ob vielleicht Hilfe erst mit der Kontrolle möglich wird und umgekehrt.

Der vierte Schritt der Wanderung führt zum Pol *Keines von Beiden*; hier werden insbesondere Fragen nach *übersehenen Kontexten* gestellt: Wann entstand der Gegensatz und wodurch? Was steht dahinter? Wodurch wurde der Gegensatz zu einer wichtigen Frage? (= *Vergangener Kontext.*) In welchen Situationen (Kontexten) taucht der Gegensatz auf, und in welchen Situationen (Kontexten) spielt er keine Rolle? (= *Ausgeblendeter gegenwärtiger Kontext.*) Was ist wann und wo außer dem Gegensatz wichtig? (= *Weitere ausgeblendete Kontexte.*) Angenommen, der Gegensatz spielt keine Rolle mehr, worum wird bzw. könnte es dann gehen? (= *Zukünftiger Kontext.*)

Bezüglich der Ambivalenz von Hilfe und Kontrolle könnten hier vielleicht prekäre Lebensumstände von Familien deutlich werden, wie etwa Situationen von Armut an Geld, Bildung oder sozialen Beziehungen. Sichtbar wird dann möglicherweise, dass sich die Ambivalenz von Hilfe und Kontrolle vor allem dadurch einstellt, dass die betreffende Familie in materiellen und sozialen Verhältnissen lebt, die es ihr erschweren, die passende Versorgung, Betreuung und Erziehung ihrer Kinder sicherzustellen. Es tauchen dann vielleicht Risikofaktoren auf, die den Kontext der Lebensumstände der Familie und der familiären Beziehungen bilden. Dabei können freilich neue Handlungsideen entstehen, die jenseits der Doppelorientierung von Hilfe und Kontrolle liegen, z. B. die Verbesserung der materiellen Basis und der sozialen Struktur der betreffenden Familie.

Schließlich führt die Wanderung zur fünften Position: *All dies nicht – und selbst das nicht!* Diese Position stellt eine Verneinung der bereits betrachteten vier Pole dar *(All dies nicht)* und verneint auch diese Verneinung *(– und selbst das nicht!)*. Hier geht es um die Suche nach etwas ganz Anderem, nach etwas, was bisher noch nicht angesprochen, was vielleicht systematisch ausgeblendet wird, obwohl es hilfreich dabei sein könnte, zu neuen kreativen und konstruktiven Ideen zu gelangen. Um solche Aspekte aufzuspüren, kann man die folgenden Fragen stellen: Was wurde bisher noch nicht gesagt oder bemerkt? Gibt es noch etwas ganz anderes Bedeutungsvolles? Angenommen, Person XY hätte die bisherige Tetralemmawanderung beobachtet, was würde sie sagen? Wie gelingt angesichts der durch die Tetralemmawanderung enorm angereicherten Komplexität der Sprung zum Handeln?

Vor dem Hintergrund der Ambivalenz von Hilfe und Kontrolle könnte hier vielleicht sichtbar werden, dass sich Familien nur sehr begrenzt helfen und kontrollieren lassen, dass trotz allem Bedacht hinsichtlich des Helfens und Kontrollierens mit zahlreichen Unvorhersehbarkeiten sowohl in erwünschten als auch in unerwünschten Richtungen gerechnet werden muss. Aber Aspekte, die beim Durchlaufen der fünften Position auftauchen können, sind freilich nur begrenzt antizietierbar, handelt es sich doch um etwas ganz Anderes, um etwas, was nicht vorhersehbar ist und der ganzen Situation vielleicht eine neue Wendung gibt.

Nach dem Durchlaufen der fünften Position könnte die Wanderung zu Ende sein, möglicherweise sind bereits neue und brauchbare Ideen und Handlungsoptionen hinsichtlich der ursprünglich empfundenen Ambivalenz entstanden. Sollte dies noch nicht der Fall sein, kann ein erneutes Betreten der einzelnen Positionen – ausgehend von der Frage, ob sich in der Beobachtung (Beschreibung, Erklärung, Bewertung) irgendetwas verändert hat – sinnvoll sein. So kann nach dem *Neuen* gesucht werden, das die erste Tetralemmawanderung bereits produziert hat: Was entsteht an Ideen, Gedanken, Gefühlen und Körperempfindungen bei einem erneuten Hineinversetzen in *das Eine und in das Andere*? Was hat sich verändert? Was entsteht an Ideen, Gedanken, Gefühlen und Körperempfindungen bei einem Kontakt aus der Position des Einen mit dem Anderen – und umgekehrt? Was entsteht an Ideen, Gedanken, Gefühlen und Körperempfindungen beim erneuten Durchgang durch die nächsten Positionen und bei jeweiliger Kontaktaufnahme mit den anderen Positionen?

Das Tatralemmamodell, und dies soll zusammenfassend formuliert werden, eignet sich sehr gut dafür, alternative Kontexte der Betrachtung zu generieren angesichts von Situationen, die uns zu eingeengten Blicken oder zu ambivalenten Pendelbewegungen zwischen der einen und einer anderen Möglichkeit verführen. Wir sehen in solchen Situationen möglicherweise nicht, dass neben dem Einen und dem Anderen auch verschiedene Kontexte denkbar sind, in denen das Eine und das Andere konstruktiv verbunden werden können (die dritte Position: Beides). Weiterhin sind wir vielleicht blind dafür, dass ein Jenseits der Ambivalenz auffindbar ist, nämlich etwas, das diese Ambivalenz erst erzeugt oder über sie hinausweist (die vierte Position: Keines von Beiden). Und schließlich hilft uns das Tetralemma (vor allem mit der fünften Position) den Blick offen zu halten für Aspekte, die sich als positive oder negative Überraschungen einstellen können.

Tetralemmawanderung als zweifache Dekonstruktion

Will man erspüren, welche produktive Wirkung eine Tetralemmawanderung in ambivalenten Situationen zeitigen kann, lohnt sich der Test, selbst einmal zu versuchen, eine uneindeutig zweiwertige Situation mithilfe des Tetralemmas um die anderen Pole zu erweitern und sie konzentriert zu durchlaufen. Meine Erfahrung zeigt, dass am Ende oft ein Ergebnis steht, das mit neuen, häufig unerwarteten Optionen belohnt.

Abschließend soll nicht unerwähnt bleiben, dass die Idee des Tetralemmas auch eine theoretische Innovation innerhalb einer postmodernen Konzeption Sozialer Arbeit darstellt. Denn die postmoderne Sozialarbeitstheorie hat es sich zur Aufgabe gemacht, die vermeintlichen Eindeutigkeiten, die sozialarbeiterische Theorien häufig anstreben und erzeugen wollen, zu dekonstruieren. Eine Dekonstruktion wird, wie bereits eingangs erwähnt, in Anlehnung an Derrida (1972) verstanden als das Aufblenden der Ambivalenzen, die sich hinter den Eindeutigkeiten verbergen. Der Dekonstrukteur hält, wie Dirk Baecker (2004, S. 14) hinsichtlich einer soziologischen Grundhaltung formuliert, »jede Eindeutigkeit für einen Fehler«. Denn »[e]s gibt eigentlich nichts, was […] er […] nicht sofort als ambivalent betrachten könnte« (ebd.).

Mit Dietmar Kamper (1999) können wir diese Ambivalenzreflexion als eine *erste* Dekonstruktion verstehen, die die strikte Zweideutigkeit der Phänomene offenbart. Weiterhin lässt sich eine *zweite* »stringente« Dekonstruktion realisieren (vgl. ebd., S. 101), die »die Auflösung der strikten Ambivalenz« (ebd.) erlaubt – ohne dass man jedoch bei einer vereinfachten Eindeutigkeit, bei der Ausblendung von Polen der Ambivalenz landet. Eine solche zweite Dekonstruktion geht *erstens* von dem Wissen aus, dass »die Geschichte des Entweder-oder zu Ende ist und dass in einer Phase des Übergangs der Ruck vom Sowohl-als-auch zum Weder-noch geleistet werden muss« (ebd.). *Zweitens* interessiert sich eine solche Dekonstruktion für die verborgenen Werte jenseits der beiden Pole einer Ambivalenz, sozusagen für die »dritten Wege«. Diese zweite Dekonstruktion ist das »Hören auf die Wiederkehr des ausgeschlossenen Dritten« (ebd., S. 107).

Ich denke, es ist schnell ersichtlich, dass das Tetralemmamodell eine Möglichkeit darstellt, sich von der ersten zur zweiten Dekonstruktion zu bewegen. Während die Ambivalenzreflexion als erste Dekonstruktion die Zweideutigkeit von Phänomenen aufleuchten lässt, ermöglicht die zweite Dekonstruktion, beispielsweise als Tetralemmawanderung, das Finden von kognitiven, emotionalen und handlungsorientierten Möglichkeiten, Ambivalenzen als kreative Impulsgeber für kreatives und angemessenes Handeln zu nutzen.

Vorgehen für eine mögliche Tetralemmawanderung

Wir könnten das Durchlaufen des Tetralemmas mit einer klassischen Aufstellung, also mit Personen als Repräsentanten, realisieren. Aber wie eine Problem-Aufstellung lässt sich das Tetralemma auch in der Einzelarbeit mit Hilfe von Karten, die – entsprechend der Struktur des Tetralemmas – auf den Boden gelegt werden, durchwandern (siehe Abb. 6). Eine solche Tetralemmawanderung sollte tatsächlich so praktiziert werden, dass die Person, die eine Ambivalenz reflektieren und sich diesbezüglich neue Optionen des Handelns bzw. Entscheidens erarbeiten will, sich körperlich auf die jeweiligen Kartenpositionen begibt.

Beim Durchlaufen des Tetralemmas könnte in Anlehnung an die folgende Auswahl von Fragen überlegt werden, welche Wahrnehmungen, Gedanken und Gefühle sich bei der Einnahme der jeweiligen Tetralemma-Positionen einstellen:

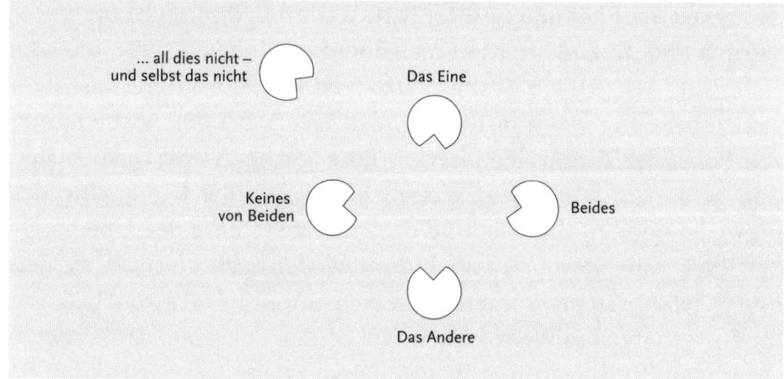

Abb.: Tetralemma-Aufstellung/-Wanderung mit Karten

- Das Eine – der Klient nimmt körperlich die Kartenposition »das Eine« ein; dafür kann er sich vor die Karte oder auch direkt darauf stellen: *Was ist die eine Position, der eine Standpunkt? Gehört noch etwas dazu? Gibt es Weiteres, das bei dem Einen zu beachten ist? Wenn Sie hier stehen und von dem Einen erzählen, welche körperlichen Wahrnehmungen bzw. Gefühle stellen sich bei Ihnen ein? Wie würden Sie diese Wahrnehmungen bzw. Gefühlen bewerten: eher als angenehm oder eher als unangenehm?*
- Das Andere – der Klient wird gebeten, sich vor oder auf die Karte »das Andere« zu stellen: *Wenn Sie nun zunächst einmal körperlich und emotional wahrnehmen, wie es ist, wenn Sie hier stehen, auf »das Andere« gegenüber von »das Eine« – welche Körperwahrnehmungen und Gefühle stellen sich ein? Wie würden Sie diese Wahrnehmungen bzw. Gefühle bewerten: eher als angenehm oder eher als unangenehm? ... Was ist die andere Position, der andere Standpunkt? Gehört noch etwas dazu? Gibt es Weiteres, das bei dem Anderen zu beachten ist? Wenn Sie hier stehen und nun von dem Anderen erzählen, ändern sich dann die körperlichen Wahrnehmungen und Gefühle, oder wird das, was Sie bereits dazu gesagt haben, bestätigt und bestärkt?*
- Beides – der Klient wird gebeten, die Kartenposition »Beides« einzunehmen: *Wenn Sie jetzt hier auf »Beides« stehen und mal abwechselnd zum Einen und zum Anderen schauen oder es vielleicht sogar schaffen, das Eine und das Andere gleichzeitig in den Blick*

zu nehmen, welche körperlichen Wahrnehmungen oder Gefühle stellen sich dann ein? Wie würden Sie diese Gefühle bewerten: eher als angenehm oder als unangenehm? Wenn Sie jetzt mal überlegen, welche Möglichkeiten es geben würde, das Eine und das Andere so zu verbinden, dass sich ein »Beides« ergeben würde – was fällt Ihnen dann dazu ein? Wenn Ihnen dazu nichts einfällt, nehmen Sie mal an, es würde möglich sein, Beides zu realisieren – wie wäre das dann? Was wäre dann anders als jetzt? Woran würden Sie dann merken, dass Sie Beides realisiert haben? Wer würde das noch merken – und woran? Was wäre dann anders? Gibt es noch etwas, das Ihnen zu dieser Position einfällt? Wenn Sie hier stehen und nun über Beides nachdenken, ändern sich dann Ihre körperlichen Wahrnehmungen und Gefühle, oder wird das, was Sie bereits dazu gesagt haben, bestätigt und bestärkt?

- Keines von Beiden – der Klient wird gebeten, auf die Kartenposition »Keines von Beiden« zu gehen, und zwar so, dass er von dem »Einen« und dem »Anderen« wegblickt, dass er gewissermaßen auf die Rahmenbedingungen, die Kontexte der Ambivalenz schaut: *Wenn Sie jetzt auf »Keines von Beiden« stehen und aus dieser Ambivalenz bzw. aus diesem Konflikt hinaus schauen auf das, was den Konflikt zwischen »das Eine« und »das Andere« tangiert, bedingt oder vielleicht erst verursacht hat – was kommt ihnen dann in den Sinn, was fällt Ihnen dazu ein? Worum könnte es bei dieser Ambivalenz »eigentlich« gehen? Worauf könnten Sie »eigentlich« noch schauen, wenn Sie mal – wie jetzt – »hinter« den Konflikt bzw. auf seine Rahmenbedingungen blicken? Gibt es noch etwas, was Ihnen dazu einfällt, was wichtig sein könnte? Wenn Sie jetzt hier auf »Keines von Beiden« stehen und erzählen, welche Körperwahrnehmungen oder Gefühle stellen sich dabei ein? Ist das eher angenehm oder eher unangenehm?*
- … all dies nicht und selbst das nicht – der Klient wird gebeten, die fünfte und entsprechend beschriftete Kartenposition einzunehmen: *Wenn Sie jetzt hier stehen und sich vergegenwärtigen, dass immer auch etwas passieren kann, das Sie selbst nicht kontrollieren können, das Sie nicht einmal erahnen, das bezüglich dieser Ambivalenz plötzlich geschehen kann – was stellt sich dann an Körperwahrnehmungen und Gefühlen ein? Ist das eher angenehm oder unangenehm? Fällt Ihnen inhaltlich zu dieser Position etwas*

ein? Gibt es noch etwas ganz Anderes, was Ihnen jetzt einfällt und was bisher noch nicht zur Sprache kam?

Nachdem Durchwandern des Tetralemmas sollte eine gründliche Auswertung vorgenommen werden, in der auf das fokussiert wird, was nach dem Durchlaufen des Tetralemmas im Fühlen und Denken und vielleicht bereits im Handeln anders ist, was sich an Unterschieden ergeben hat: Was ist jetzt anders? Wenn Sie sich mal eine Skala von 0 bis 10 vorstellen – 10 bedeutet, dass Sie genau wissen, wie Sie sich hinsichtlich Ihrer Ambivalenz verhalten können, und 0 bedeutet, dass Sie dies überhaupt nicht wissen –, wo auf der Skala stehen Sie jetzt? Was hat das Tetralemma bei Ihnen bewirkt, dass Sie jetzt bei ... stehen? Was müsste passieren, damit Sie einen weiteren Schritt in Richtung 10 kommen können? Wie könnten Sie das erreichen?

10 Das Tetralemma der Veränderung – Vom trivialen zum nichttrivialen Implementieren

Sozialarbeiterische Organisationen sind permanenten Veränderungsprozessen unterworfen. Diese Veränderungen rufen nicht selten Konflikte zwischen vermeintlich »alten« und als »neu« geltenden Konzepten hervor. Diese Konflikte zwischen »dem Neuen« und »dem Alten« sind das Thema dieses Kapitels. So werden aus systemischer Perspektive, insbesondere mit den bereits mehrfach veranschaulichten Metaprinzipien und Grundannahmen (siehe die Kapitel 5 bis 7), Strategien präsentiert, die es ermöglichen, konstruktiv aus diesem Konfliktdilemma hinauszufinden. Dabei geht es vor allem darum, das klassische Entweder-oder-Denken hinsichtlich des Alten und des Neuen zugunsten eines Denkens des Sowohl-als-auch und des Weder-noch zu verlassen. Genau hierbei hilft die Struktur des Tetralemmas; sie ermöglicht es, kreative Wege zum Implementieren neuer Konzepte zu finden.

Ausgangspunkte

Die moderne Gesellschaft ist dauerirritiert, nahezu immer und überall geht es darum, Neues einzuführen, alte Konzepte durch neue, als innovativ geltende Praktiken und Verfahren zu ersetzen. Dies verunsichert, verwirrt und führt nicht selten zum Gegenteil des Gewollten: zur Beharrung der Menschen bzw. zu Versuchen, das Bestehende festzuhalten. Aber es kann auch – unter bestimmten Voraussetzungen, die Thema dieses Kapitels sind – zu kreativen und dynamischen Transformationen führen.

Auch die Soziale Arbeit ist diesbezüglich keine Ausnahme. Seit ungefähr einem Jahrzehnt können wir beispielsweise zwei sozialarbeiterische Veränderungsprozesse beobachten, *zum einen* die Einführung der Sozialraumorientierung des Essener Instituts für Stadtteilbezogene Soziale Arbeit (siehe dazu insbesondere die zahlreichen Publikationen von Wolfgang Hinte, etwa in Haller, Hinte u. Kummer 2007) und *zum anderen* die Versuche, das Verfahren des Case-Managements zu implementieren (siehe dazu etwa die Beiträge von Wolf Rainer Wendt oder Peter Löcherbach, etwa in Wendt u. Löcherbach 2006). Die Implementierung von Sozialraumorientierung betrachte ich als ein mit diesem Ansatz sympathisierender Beobachter (siehe Kleve 2007b) vor allem in der Berliner Jugendhilfe. An der Einführung von Case-Management in unterschiedlichen Feldern der Sozialen Arbeit bin ich seit dem Jahre 2006 selbst maßgeblich beteiligt, leite ich doch eine – von der Deutschen Gesellschaft für Care und Case Management (DGCC) zertifizierte – entsprechende Weiterbildung an der Fachhochschule Potsdam, die sich vor allem einem systemisch orientierten Konzept von Case-Management verschrieben hat (siehe Kleve et al. 2006).

Was einem sowohl hinsichtlich der Installierung der Sozialraumorientierung als auch bezüglich der Einführung des Case-Managements auffallen kann, sind recht problematische Vorstellungen in Bezug auf die Frage, ob und wie eine erfolgreiche Implementierung gelingen kann. Deutlich werden diese Vorstellungen häufig erst dann, wenn die Protagonisten der entsprechenden Praxisveränderungen die Schwierigkeiten und Hürden ihrer Veränderungsbemühungen zu spüren bekommen und darüber mit zumeist sehr bewertenden Formulierungen berichten. Erzählt wird dann etwa von »sturen Fachkräften« oder »uneinsichtigen Leitungskräften«, die partout nichts ändern wollen, lieber beim Alten bleiben, als das innovativ Neue der Sozialraumorientierung oder des Case-Managements einzuführen (vgl. ausführlich dazu bereits Kleve 2009b). Diejenigen, die dann so klagen, verfolgen zumeist mehr oder weniger autoritäre Veränderungsbemühungen: Sie haben ein Bild eines Konzeptes im Sinn (etwa der Sozialraumorientierung oder des Case-Managements), von dem sie glauben, dass es möglich ist, es zielgerichtet und schrittweise von oben nach unten in Organisationen zu implementieren. Offenbar herrscht in der Praxis von Veränderungsbemühungen häufig immer noch die Idee, man könne Konzepte, wie plausibel sie in der Theorie auch sein mögen, in einem Eins-zu-eins-Verhältnis von der Theorie in die Praxis umsetzen.

Was sich bei derartigen Implementierungsversuchen nicht selten einstellt, ist ein Konflikt zwischen »dem Alten« und »dem Neuen«. Die neuen Konzepte geraten in Widerspruch zu den bisher praktizierten, also alten Verfahren und Methoden. Dieser Konflikt spaltet das Personal in diejenigen, die am Alten hängen, und diejenigen, die für das Neue Feuer gefangen haben. Ausgehend von diesem Dilemma, das bei Implementierungsprozessen oft beobachtet werden kann, wird in diesem Beitrag ein Verfahren ins Zentrum gestellt, das vielleicht konstruktive Auswege weisen kann: das *Modell des Tetralemmas.* Bevor dieses Modell präsentiert wird, soll zunächst der Weg beschrieben werden, der von einem trivialen zu einem nichttrivialen Implementieren führt. Weiterhin werden zentrale Dynamiken sozialer Systeme geschildert, die beim Implementieren ebenfalls beachtet werden sollten. Und schließlich betrachten wir das Tetralemma des kreativen Veränderns.

Vom trivialen zum nichttrivialen Implementieren

Wenn ich von einem trivialen Implementieren spreche, dann beziehe ich mich mit dieser Formulierung auf eine Theorie, die auf den Kybernetiker Heinz von Foerster (1999) zurückgeht, der triviale und nichttriviale Systeme voneinander unterscheidet: Triviale Systeme können auch als transparente Systeme bezeichnet werden, das heißt, dass wir ihr »Innenleben«, ihre inneren Mechanismen einsehen und durchschauen können; uns ist die innere Struktur dieser Systeme bekannt. Daher lassen sich derartige Systeme hinsichtlich ihrer Verhaltensweisen vorausberechnen. In Abhängigkeit von bestimmten Systemeingaben (»Inputs«) reagiert das System mit vorhersehbaren Ausgaben bzw. Reaktionen (»Outputs«). In der Regel funktionieren von Menschen hergestellte technische Systeme (etwa Maschinen, welcher Art auch immer) in dieser Weise. Triviale Systeme lassen sich zielgerichtet steuern.

Klar dürfte sein, dass wir in der Sozialen Arbeit eine andere Art von Systemen vor uns haben. Menschen und soziale Systeme, also etwa die Organisationen Sozialer Arbeit, sind keine trivialen Gebilde, deren Verhalten, Reaktionsweisen und Veränderungen wir eindeutig vorausberechnen können. Mit von Foerster können wir diese Systeme als nichttrivial bewerten. Nichttriviale Systeme sind intransparente Systeme, *Black Boxes,* deren »Innenleben« wir nur bedingt oder gar nicht einsehen können. Aber dieses »Innenleben«, die inneren Strukturen, Muster und Abläufe von nichttrivialen Systemen (etwa die Gedanken und Gefühle von Menschen oder die Entscheidungen in Organisationen und die von diesen ausgelösten Reaktionen der Mitarbeiterinnen und Mitarbeiter, die weitere Reaktionen herausfordern etc.) können nicht berechnet werden.

Die Komplexität, das heißt die Vielzahl der abhängigen Variablen, die in nichttrivialen Systemen aufeinander wirken, sich gegenseitig beeinflussen und verändern, ist so groß, dass es uns unmöglich ist, alle möglichen Verknüpfungen und ausgelösten Veränderungen zu prognostizieren. Hinzu kommt, dass nichttriviale Systeme lernfähige Systeme sind. Inputs werden intern verarbeitet, und Outputs sind beobachtbar. Aber bei einer Wiederholung der gleichen Inputs ist es nicht unwahrscheinlich, dass sich die Outputs verändern, weil das System inzwischen gelernt und seine inneren Strukturen modifiziert hat.

Wenn wir nun die Praxis der Sozialen Arbeit, insbesondere ihre Organisationen, die etwa durch Sozialraumorientierung oder Case-Management verändert werden sollen, als nichttriviale Systeme betrachten, dann können damit bereits die Grenzen offenbar werden, die uns beim Implementieren neuer Konzepte begegnen. Als unwahrscheinlich stellt sich dann vor allem heraus, dass sich diese Konzepte so einführen lassen, wie wir das in der Theorie geplant haben. Denn nichttriviale Systeme, die wir mit der soziologischen Systemtheorie (siehe Luhmann 1984) auch als selbstreferenziell-geschlossene, als autopoietische Systeme bezeichnen können, verarbeiten in eigenständiger Weise das, was ihnen von ihrer Umwelt angetragen wird. Ihre inneren Strukturen (und nicht die Veränderungsansinnen aus der Umwelt) bestimmen letztlich, ja determinieren in komplexer, also nichttrivialer Weise, wie Implementierungsbemühungen wirken, was sie auslösen, verändern oder stabilisieren.

Auch wenn die Veränderungen nicht aus der Umwelt der Organisationen (etwa von Politikern) kommen, sondern innerhalb der Organisationen Veränderungsbemühungen angestrengt werden, gilt das Gesagte. Auch dann kann ein Teil (etwa die Leitung oder Planungsabteilung) einer Organisation nicht die gesamte Organisation zielgerichtet verändern. Das, was Leitungen oder Planer entscheiden, wird von den anderen Abteilungen der Organisation in eigenständiger, ja wiederum nichttrivialer, also nicht berechenbarer Weise aufgegriffen und verarbeitet.

Zusammenfassend können wir sagen, dass diejenigen, die nichttriviale Systeme (also etwa Organisationen Sozialer Arbeit) verändern wollen, mit etwas rechnen müssen, was in der Soziologie als nichtintendierte Nebenfolgen des Handelns und Entscheidens bzw. als Risiko (siehe etwa Luhmann 1991b) bezeichnet wird. Demnach ist es in komplexen Situationen, also in Verhältnissen, in denen eine

Vielzahl von abhängigen Variablen miteinander verknüpft sind und sich wechselseitig beeinflussen, alltäglich, dass durch Entscheidungen diese Komplexität kaum verringert, sondern eher reproduziert wird. Das, was durch Entscheidungen beeinflusst wird, lässt sich nicht eingrenzen, sondern wirkt in unvorhersehbarer und nicht planbarer Weise so, dass sich ebenfalls Veränderungen ereignen können, die nicht intendiert, also ungewollt sind. Daher müssen sich Entscheider und Planer mit der Einsicht anfreunden, dass sie womöglich ihre Entscheidungen und Pläne niemals in einem Eins-zu-eins-Verhältnis von der Theorie in die Praxis implementieren können. Es wird mit hoher Wahrscheinlichkeit anders kommen, als es entschieden, geplant oder erwartet worden war.

Wer angesichts des bisher Ausgeführten allerdings glaubt, dass wir nun gänzlich aufhören sollten, zu planen, zu verändern bzw. Verhältnisse zu verbessern, der schließt hier zu schnell. Trotz des beschriebenen nichttrivialen Zustandes der Welt, der Praxis lassen sich grundsätzliche Dynamiken in sozialen Systemen beobachten, deren Beachtung sehr hilfreich dafür sein kann, die Wahrscheinlichkeit zu erhöhen, dass Veränderungsprozesse (zwar kaum kontrollierbar, aber dennoch) konstruktiv wirken. Diese Dynamiken wollen wir im Folgenden betrachten.

Dynamiken sozialer Systeme

Der Soziologe Karl Otto Hondrich (2006) spricht von elementaren Sozialprozessen und meint damit Regeln des Sozialen, die immer dann wirken, wenn Menschen zusammenleben oder -arbeiten – Prozesse, die sich regelhaft hinter unseren Rücken vollziehen und unsere sozialen Möglichkeiten und Reaktionsweisen beeinflussen. Matthias Varga von Kibéd und Insa Sparrer (2009) meinen etwas Ähnliches, wenn sie von Metaprinzipien und Grundannahmen hinsichtlich der Dynamik von Systemen sprechen, deren Beachtung sehr hilfreich sein kann, wenn es etwa bei Problemen darum geht, soziale Systeme konstruktiv anzuregen.

Allerdings verabschieden sich Varga von Kibéd und Sparrer von dem Glauben, dass die im Folgenden erläuterten Prinzipien und Annahmen die Wirklichkeit so beschreiben, wie sie tatsächlich ist (Deskription). Vielmehr hat sich in der Arbeit mit komplexen sozialen Systemen lediglich (aber immerhin!) gezeigt, dass diese Regeln konstruktive bzw. kurative, also »heilsame« Wirkungen auf die Dynamik von Systemen haben können. Aus einer konstruktivistischen oder auch kritisch-rationalen Perspektive sollten wir aber wissen, dass das, was in der Praxis (als Modell bzw. als Landkarte) offenbar passt, nicht zu verwechseln ist mit der Praxis bzw. der Wirklichkeit (oder dem realen Gebiet) selbst (siehe ausführlich dazu etwa Kleve u. Wirth 2009).

Welche Dynamiken zeigen sich nun in sozialen Systemen, die beim Implementieren beachtet werden sollten? Varga von Kibéd und Sparrer (2009, z. B. S. 183 ff.) haben insbesondere in ihrer jahrelangen Arbeit mit »Systemischen Strukturaufstellungen« festgestellt, dass in sozialen Systemen diese vier, hierarchisch aufeinanderfolgende Annahmen äußerst relevant sind:

Erste Annahme – Systemexistenz und Systemmitgliedschaft: Soziale Systeme strukturieren sich und existieren letztlich über die Eindeutigkeit der Grenze von Mitglied (Inklusion) und Nichtmitglied (Exklusion). Umgekehrt zeigt sich immer wieder, dass es zu unterschiedlichen Problemen kommt, wenn in Systemen diese Grenze unklar ist, wenn etwa eigentlich dazugehörige Mitglieder außen vor bleiben, wenn sie nicht beachtet, nicht einbezogen werden. In Bezug auf Implementierungsprozesse bedeutet das, dass zunächst geklärt werden muss, wie diejenigen, die von diesen Prozessen betroffen sind oder deren Ergebnisse letztlich akzeptieren und realisieren sollen, nachhaltig einbezogen werden können. In Implementierungsprojekten lässt sich oft beobachten, dass diese Frage nicht gründlich geklärt wird, dass über die maßgeblichen Akteure des Prozesses hinweggegangen wird – diese Akteure sind die Mitarbeiterinnen und Mitarbeiter an der Basis, die die neuen Konzepte schließlich realisieren sollen. Wenn sie nicht einbezogen werden, keine Mitgestaltungsmöglichkeiten haben, verringert sich die Erfolgswahrscheinlichkeit von Veränderungsprozessen dramatisch.

Zweite Annahme – zeitliche Reihenfolge innerhalb von Systemen: Innerhalb von sozialen Systemen verstärken und vertiefen sich die Einflussmöglichkeiten in Abhängigkeit von der zeitlichen Zugehörigkeit. Diejenigen also, die längere Systemmitgliedschaften aufweisen, sind (zumindest informell) einflussreicher als diejenigen mit der kürzeren Mitgliedschaft. Dies sollten Entscheidungsträger und Planer bei Implementierungsprozessen beachten. Wenn sie die »Systemältesten« nicht gewinnen für die Implementierung der neuen Konzepte, sinkt die Wahrscheinlichkeit einer nachhaltigen und konstruktiven Veränderung. Derartige zeitliche Reihenfolgen unterlaufen auch hierarchische Strukturen. Leitungskräfte mit kurzer Systemmitgliedschaft tun gut daran, diejenigen ernsthaft einzubeziehen, die zwar hierarchisch untergeordnet sind, aber eine längere Mitgliedschaft aufweisen.

Dritte Annahme – zeitliche Reihenfolge zwischen Systemen: Zwischen Systemen herrscht ein indirektes zeitliches Nachrangigkeitsverhältnis: Die jüngeren Systeme sind den älteren vorgeordnet – zumindest dann, wenn neuere Systeme, die aus älteren Systemen entstanden sind, eine gewisse Eigenständigkeit und -dynamik entwickeln. Wenn etwa ein Implementierungsprojekt entsteht, das die Aufgabe hat, neue Konzepte zu konstruieren und sie zu erproben, dann stellt sich die Frage, wie autonom dieses Projekt bzw. System sein kann, welchen Grad an Eigenständigkeit es vor dem Hintergrund des Herkunftssystems entwickeln kann. Die Wahrscheinlichkeit für den Erfolg der Implementierung steigt, wenn der Implementierungsprozess sich in gewisser Weise vom übrigen Prozess abkoppelt und dafür Personal, Zeit und Sachmittel nutzen kann. Da diese Regel jedoch der zweiten und der ersten Annahme hierarchisch nachgeordnet ist, gilt dies freilich vor dem Hintergrund der Achtung der »älteren« Systemmitglieder und der nachhaltigen Einbeziehung aller relevanten Akteure.

Vierte Annahme – Anerkennung von Leistungen und Fähigkeiten: Soziale Systeme stabilisieren sich dann, wenn die Systemmitglieder für das System engagiert etwas leisten und dafür ihre jeweiligen Fähigkeiten einbringen. Je besser es einer Organisation gelingt, die Mitarbeiterinnen und Mitarbeiter zur Leistung zu motivieren und die individuellen Fähigkeiten passend einzubeziehen, desto stabiler und flexibler wird sie. Damit dies gelingen kann, sind Wertschätzung und Achtung entscheidende, immer wieder zu realisierende Prozesse. Das Erbringen von Leistung und das Einbringen von Fähigkeiten wollen in einem sozialen System gesehen und anerkannt werden. Gerade bei Implementierungsprozessen ist dies wichtig, weil von den Mitarbeiterinnen und Mitarbeitern die Leistung von Mehrarbeit erwartet wird – schließlich müssen sie möglicherweise ihre eingespielten Routinen verlassen und neue erlernen. Zusätzlich bringen sie dabei nicht selten ihre kreativen Fähigkeiten ein, damit sich das Neue auch angesichts von Hindernissen und Hürden Bahn brechen kann.

Die vier genannten Grundannahmen laufen letztlich auf ein *zentrales Metaprinzip* hinaus, das als *Anerkennung des Gegebenen* bezeichnet wird. Nichts anderes bringen die genannten Annahmen zur

Geltung: das Gegebene hinsichtlich der Systemmitgliedschaft, der zeitlichen Reihenfolgen und Prioritäten sowie des Einbringens von Leistungen und Fähigkeiten zu akzeptieren.

Ein *zweites Metaprinzip* läuft auf das Beachten der bereits genannten *Hierarchie des Einflusses der Grundannahmen* hinaus. Am bedeutendsten ist somit die klare Beantwortung der Frage nach der Systemmitgliedschaft; danach folgen die anderen Annahmen entsprechend ihrer Listung in der aufgeführten Reihenfolge.

Ein letztes, *drittes Metaprinzip* besagt, dass die sozialen Beziehungen in Systemen über die Prinzipien des *Ausgleichs von Geben und Nehmen* vertieft werden. Demnach beziehen sich Menschen in Form der Reziprozität, also der Gegenseitigkeit bzw. des Erwiderns, aufeinander. Etwas zu geben bedeutet demnach, den Anspruch zu erwerben, auch etwas zu bekommen – und umgekehrt: Etwas zu bekommen führt zur sozialen Erwartung, auch etwas zu geben. Bei Implementierungsprozessen zeigt sich ein zentrales Problem gerade an dieser Stelle: Planer und Entscheidungsträger wollen, dass sich die Mitarbeiterinnen und Mitarbeiter angesichts der zu implementierenden Konzepte in der Ausgestaltung ihrer Fachlichkeit, genauer: in ihren Verfahrensweisen, Methoden und Haltungen (siehe zu diesen drei Dimensionen Kleve 2009a) ändern; sie möchten von den Fachkräften Veränderungsbereitschaft *haben*. Doch was geben sie dafür?

Eine zentrale systemische These lautet: Wer Veränderungsbereitschaft haben möchte, der muss selbst bereit sein, etwas zu geben, etwa eine eigene Veränderungsbereitschaft hinsichtlich der einzuführenden Konzepte. Wer etwa als Theoretiker, Entscheider oder Planer die Praxis umgestalten will, der muss auch willig sein, das zu modifizieren, was seine Umgestaltung leitet: den Plan bzw. das Konzept. Implementierungen kranken oft an einer diesbezüglichen Einseitigkeit: an einer Blockierung entsprechender Reziprozität.

Schon die Beachtung der aufgeführten Grundannahmen und Metaprinzipien kann Implementierungsprozesse konstruktiver gestalten helfen, als sie häufig ablaufen. Im Folgenden wird das, was Planer und Entscheidungsträger hinsichtlich ihrer Veränderungsbemühungen tun können, um die Wahrscheinlichkeit des Erfolgs ihrer Bestrebungen zu erhöhen, noch konkreter gefasst. Mit dem Verfahren des Tetralemmas können wir eine Struktur nutzen, die kreative Veränderungsprozesse nachhaltig zu forcieren hilft.

Das Tetralemma des Implementierens

Das Tetralemma ist eine Struktur aus der indischen Logik, die von Matthias Varga von Kibéd und Insa Sparrer (2009, S. 77 ff.) als Methode vorgestellt wird, die es ermöglicht, kreative Prozesse anzuregen (siehe zur Nutzung in der Sozialen Arbeit bereits Kleve 2007a). »Das Tetralemma ist ein außerordentlich kraftvolles allgemeines Schema zur Überwindung jeder Erstarrung im schematischen Denken« (Varga von Kibéd u. Sparrer ebd.). Besonders angesichts von Konflikten oder Ambivalenzen zwischen mindestens zwei Positionen eignet sich das Tetralemma dafür, konstruktive Lösungen bzw. passende neue Perspektive zu entwickeln.

Die Struktur des Tetralemmas besteht aus vier Positionen und einer fünften, sogenannten Nichtposition, die durch die buddhistische Weiterentwicklung dieses Modells eingeführt wurde. Die einzelnen Positionen werden bezeichnet als *erstens*: das Eine, *zweitens*: das Andere, *drittens*: Beides, *viertens*: Keines von Beiden und schließlich *fünftens*: *... all dies nicht – und selbst das nicht*. Wie lässt sich das Tetralemma nun hinsichtlich der hier relevanten Thematik, Implementierungsprozesse zu gestalten, nutzen?

Das Tetralemma eignet sich hervorragend dafür, die gemeinsame Arbeit an der Implementierung als einen partizipatorischen und kreativen Prozess zu realisieren. Denken wir beispielsweise an einen Konflikt, der angesichts von Implementierungsbemühungen häufig auftritt, dass nämlich die alten Konzepte in Widerspruch geraten zu den neuen, einzuführenden Ansätzen. Hier kollidiert dann »das Alte« mit »dem Neuen«. Und je stärker nun versucht wird, das Neue durchzusetzen, desto vehementer werden häufig auch die Beharrungstendenzen derer, die sich gegen das Neue wehren und am Alten festhalten. So entsteht nicht selten ein zirkuläres Muster: Die Versuche, Neues einzuführen, führen zu einer Verfestigung des Alten, zu einem Kampf einiger Mitarbeiterinnen und Mitarbeiter gegen das Neue; dies wiederum bewirkt einen verstärkten Druck derer, die das Neue einführen wollen etc. Das Tetralemma kann dabei helfen, aus diesem Kreislauf, diesem Spiel ohne Ende hinauszugelangen.

Denn durch die Tetralemmastruktur wird es uns möglich, die Entweder-oder-Position (entweder das Alte oder das Neue) zu verlassen, weil die Idee in den Blick gerät, dass auch ein Sowohl-als-auch (sowohl das Alte als auch das Neue) möglich ist. Im Einzelnen könnten wir dann die erste Position im Tetralemma, also das Eine als »das Alte« (die alten Konzepte bzw. Verfahren, Methoden oder Haltungen) bezeichnen; die zweite Position im Tetralemma, also das Andere, wäre hier »das Neue« (die neuen Konzepte bzw. Verfahren, Methoden oder Haltungen). Häufig kommt es in zugespitzten Konfliktsituationen zu einer wenig konstruktiven Haltung: Beide Seiten glauben, dass entweder für das Alte oder für das Neue zu kämpfen ist. So entstehen zwei gegensätzliche, polare Lager. Mit dem Tetralemma kann nun (etwa in Veranstaltungen zum Implementierungsprozess) die Idee der dritten Position eingeführt werden, nämlich dass es möglich ist, über ein Sowohl-als-auch zu einer Position »Beides« zu kommen.

Die Position »Beides«

Die Position »Beides« bringt in den Blick, dass es möglich ist, sowohl dem Alten als auch dem Neuen gerecht zu werden, und zwar in mindestens vier unterschiedlichen Weisen, die im folgenden als Empfehlungen formuliert werden:

Erstens – wer das Neue will, der muss wissen, dass er dies nur auf der Basis des Alten aufbauen kann; und daher sollte er zunächst das Alte achten, akzeptieren und wertschätzen. Bei Implementierungsprozessen zeigt sich oft, dass das Neue abgelehnt wird, wenn sich die Mitarbeiterinnen und Mitarbeiter hinsichtlich ihrer alten Konzepte, Verfahren oder Methoden ebenfalls abgelehnt fühlen, weil das Neue als die eindeutig bessere Alternative zum Alten präsentiert und damit das Alte implizit oder explizit abgewertet oder gar verachtet wird. Bevor sich das Neue Bahn brechen, bevor es aufgenommen und genutzt werden kann, muss die Wertschätzung des Alten erfolgen. Ideal wäre es freilich, wenn es gelänge, dass das Neue das Bewährte des Alten integriert. Ein solcher Integrationsprozess würde besonders dann gelingen, wenn sich die Mitarbeiterinnen und Mitarbeiter eingeladen fühlten, selbst auszuwählen zwischen dem, was es unbedingt zu bewahren, in das Neue zu integrieren gilt, und dem, was verabschiedet und gänzlich durch das Neue ersetzt werden sollte.

Zweitens – wer das Neue will, der muss offen sein für die Kritik am Neuen aus der Perspektive des Alten. Diese am Alten orientierte Kritik am Neuen ist wichtig, damit man lernt, in der Vergangenheit begangene Fehler in Zukunft nicht zu wiederholen. Diejenigen, die das Alte genau kennen, weil sie es jahrelang praktiziert haben, sind die besten Ratgeberinnen und Ratgeber, wenn es darum geht, aus Fehlern zu lernen. Wenn es also gelingt, die Kritik am Neuen konstruktiv in den Implementierungsprozess einzubeziehen, dann erhöht sich die Wahrscheinlichkeit, dass das Neue, ausgehend vom Alten und auf dessen Füßen, gestaltet wird.

Drittens – wer das Neue will, der muss es manchmal auch zulassen, dass das Alte von einigen (soziale Dimension), an einigen Orten (räumliche Dimension) und hinsichtlich einiger Themen (sachliche Dimension) weiterhin praktiziert wird. Der Konflikt zwischen dem Alten und dem Neuen kann sich womöglich entschärfen, wenn eine Kontexttrennung hinsichtlich der sozialen, der räumlichen und der sachlichen Dimensionen der Implementierung möglich wird. Demnach könnten sich die Planer und Entscheidungsträger fragen, ob es – hinsichtlich der sozialen Dimension – möglich ist, dass einzelne Mitarbeiterinnen und Mitarbeiter auch während und nach der Implementierung das Alte weiterhin praktizieren dürfen oder können. Bezüglich der räumlichen Dimension könnte geprüft werden, ob es sich lohnt und sinnvoll ist, dass zwischen Orten, an denen das Neue eingeführt und erprobt wird, und Orten, an denen das Alte erhalten bleiben kann, unterschieden wird. Und schließlich könnte es sich anbieten, zwischen Themen bzw. Sachgebieten zu trennen, hinsichtlich deren das Neue zu implementieren ist, und jenen, die am Alten orientiert bleiben. Gerade bei konfliktreichen Implementierungsprozessen kann es sehr passend sein, solche Kontexttrennungen zu überlegen. Denn damit wird man bestenfalls beiden Seiten gerecht – denen, die am Alten festhalten, und denen, die sich für das Neue engagieren.

Viertens – wer das Neue will, der muss sich für kreative Vermischungen des Alten und des Neuen öffnen. Wenn wir von einer nichttrivialen, einer komplexen Praxis ausgehen, die ohnehin kaum zielgerichtet gesteuert werden kann, dann müssen sich Planer und Entscheidungsträger von der Idee verabschieden, dass es möglich ist, die Konzepte so einzuführen, wie sie erdacht oder geplant wurden. Daher ist es nur naheliegend, wenn durchaus eine kreative Vermischung des Alten und des Neuen in Erwägung gezogen wird. Gerade bei einem Implementierungsprozess, bei dem die Fachkräfte an der Basis nachhaltig einbezogen werden, erhöht sich die Wahrscheinlichkeit, dass etwas Hybrides entsteht, also etwas, das in irgendeiner Weise zwischen dem Alten und dem Neuen liegt.

Die Position »Keines von Beiden«

Nach der Position »Beides«, die ein Sowohl-als-auch hinsichtlich des Alten und des Neuen in Reichweite bringt, können wir uns mit einer vierten Position beschäftigen, der Position »Weder-noch« bzw. »Keines von Beiden«. Während mit der Position »Beides« nach bisher vielleicht übersehenen Verbindungen und Vereinbarkeiten des Einen mit dem Anderen gefahndet wird, suchen wir mit der Position »Keines von Beiden« nach bisher vielleicht nicht beachteten Kontexten, die den Konflikt zwischen dem Einen und dem Anderen erst herausfordern. Wir fragen also, worum es beim Kampf des Alten gegen Neue eigentlich noch gehen könnte. Bezüglich der Implementierung könnte es hier beispielsweise um die Gründe gehen, die die Einführung der neuen Konzepte oder Verfahren erst notwendig werden ließen. Hier wären also die mehr oder weniger untergründigen Interessen welcher Akteure auch immer in den Blick zu nehmen.

Wenn heute über die Einführung von Sozialraumorientierung oder Case-Management nachgedacht wird, dann spielen freilich finanzielle Erwägungen der Effizienz eine Rolle. Man erwartet sich von diesen Verfahren ein besseres Verhältnis zwischen Aufwand (etwa Personal und Zeit) und Nutzen. Neben den finanziellen Aspekten spielen bei der Einführung neuer Konzepte freilich auch fachliche oder berufsethische Fragen eine Rolle. Vielleicht geht es darum, die Eigenaktivität der Klientinnen und Klienten im Sinne eines Empowerments zu forcieren. Zusammenfassend können wir sagen, dass die Akzeptanz von Implementierungsprozessen bei den Mitarbeiterinnen und Mitarbeitern steigen kann, wenn lange genug über die außer- und innerorganisatorischen Kontexte gesprochen wird, die die Implementierung bedingen bzw. erst notwendig machen. Das Sichtbarmachen der Gründe für die Implementierung kann die Wahrscheinlichkeit, dass der Implementierungsprozess gelingt, nachhaltig erhöhen.

Die Position »... all dies nicht – und selbst das nicht«

Schließlich lässt sich in Anlehnung an Varga von Kibéd und Sparrer (2009, S. 77 ff.) eine fünfte Position im Tetralemma einnehmen, die Position »... all dies nicht – und selbst das nicht«. Diese Position stellt eine Relativierung aller anderen Positionen dar (»... all dies nicht) und relativiert auch sich selbst (» – und selbst das nicht«). Für Planer und Entscheider kann es sehr hilfreich sein, diese fünfte Position im Auge zu behalten, z. B. dadurch, dass sie immer wieder versuchen, sich vom Konzept, das sie implementieren wollen, zu distanzieren. Sie können sich vor Augen halten, dass auch dieses vermeintlich neue Konzept irgendwann das Alte sein wird und dass es sicherlich noch zahlreiche Alternativen zum aktuell Neuen geben könnte. Eine Haltung, die sich beim Einnehmen der fünften Position einstellen kann, wäre etwa die »ironische Gelassenheit«. Mit dieser Haltung tritt man zwar ein für das Neue (zweite Position: »das Andere«), versucht, das Alte und das Neue konstruktiv zu verbinden (dritte Position: »Beides«) oder kontextualisiert den Implementierungskonflikt (vierte Position: »Keines von Beiden«), man weiß aber ebenso, dass es noch etwas ganz Anderes geben könnte oder irgendwann geben wird, man öffnet sich für die Möglichkeit der Kontingenz: dass es so, wie es aktuell läuft, zwar möglich ist, aber dass auch andere Möglichkeiten realistisch sind.

Die fünfte Position kann uns vor Dogmatismus bewahren, hält uns flexibel und tolerant gegenüber den Möglichkeiten der Zukunft.

Resümee

Die Praxis Sozialer Arbeit stellt sich als ein komplexer Prozess dar. Komplexität meint die Vielzahl der abhängigen Variablen, die miteinander in Beziehung stehen und sich wechselseitig bedingen und beeinflussen. Wer in komplexen Verhältnissen Veränderungen initiieren will, der muss sich darauf einstellen, dass diese Veränderungen nichttrivialen Dynamiken folgen, also Dynamiken, die nicht vorausberechnet und im Sinne eines Schemas von Ursache und Wirkung determiniert bzw. gesteuert werden können. Dies gilt auch für Implementierungsprojekte, mit denen neue Konzepte in die Praxis eingeführt werden sollen.

Implementierungen können nachhaltig gelingen, wenn sich die Entscheidungsträger und Planer ebenfalls für etwas öffnen, was sie von den Mitarbeiterinnen und Mitarbeitern der zu verändernden Organisationen erwarten: für das Neue. Eine zentrale Erkenntnis, die in diesem Beitrag verdeutlicht werden sollte, lautet: *Veränderungsprozesse in komplexen Praxisverhältnissen können keine Einbahnstraßen sein; wer verändern will, der muss ebenfalls bereit sein, sich selbst zu ändern.*

Alle hier vorgestellten systemischen Annahmen und Prinzipien fußen letztlich auf dieser Erkenntnis. Wer sich als Planer oder Entscheidungsträger nicht scheut, dieser Gegenseitigkeit von Veränderungen ins Auge zu sehen, erhöht damit die Nachhaltigkeit und

Kreativität seiner Veränderungsbemühungen. Außerdem steht ihm mit dem Modell des Tetralemmas ein passendes Prozessschema zur Verfügung, das es ermöglicht, ein nichttriviales Implementieren zu gestalten.

11 Ein Evergreen der Verunsicherung. Professionelle Identität in der Sozialen Arbeit – Vom Dilemma der Moderne zum Tetralemma der Postmoderne

> *»... der Fehler des traditionellen Denkens, dass es die Identität für sein Ziel hält.«*
> Theodor W. Adorno (1966, S. 152)

Die Protagonisten der Theorie und Praxis Sozialer Arbeit sind seit Jahrzehnten damit beschäftigt, die Identität von Profession und Disziplin zu bestimmen. Dies ist ihnen nie so gelungen, wie sie es intendiert haben: als eindeutige und dauerhafte Selbstbeschreibung. Mithilfe des Tetralemmas wird hier aufgezeigt, welche Alternativen es zur klassischen sozialarbeiterischen Identitätssuche gibt. Dabei ergibt sich ein Möglichkeitsraum, der die sozialarbeiterische Theorie und Praxis offenhält für Veränderungen und zukünftige Dynamiken. Schließlich zeigt sich zudem, was als das Besondere der sozialarbeiterischen Profession und Disziplin aufgefasst werden kann: ihre postmoderne Kondition.

Ausgangspunkte

Peter Pantucek (2007, S. 38) bringt es auf den Punkt, wenn er die »Debatte, was denn nun das ›Eigentliche‹ der Sozialarbeit sei« als einen »Evergreen« bezeichnet, der verdeutlicht, dass die »professionelle Identität [...] notorisch theoretisch ungeklärt (bleibt)«. Ohne dass dieser Evergreen hier historisch rekonstruiert werden soll, sollen lediglich einige Belege für die Geschichte dieses Themas beleuchtet werden. So können wir etwa bei Hans Scherpner (1962, S. 17) die Liste der unterschiedlichen Begriffe finden, die seit dem Ende des 19. Jahrhunderts, also seit der allmählichen Professionalisierung der Sozialen Arbeit, dafür benutzt werden, dieses Feld zu bezeichnen: Armenpflege, soziale Fürsorge, gesellschaftliche Hilfsarbeit, Wohlfahrtspflege, Volkswohlfahrt(-spflege), Sozialarbeit, Sozialpädagogik, soziale Arbeit und schließlich Soziale Arbeit.

Generell lassen sich Begriffe als Bezeichnungen verstehen, die der Unterscheidung, mithin der Abgrenzung, dienen und damit Identität und Differenz markieren (vgl. Spencer-Brown 1997). Die fortwährende Wiederholung von Bezeichnungen in der Absicht, auf etwas hinzuweisen, etwas zu markieren, was eine Mehrzahl von unterschiedlichen Beobachtern in gleicher oder ähnlicher Weise orientiert, generiert erst Identität. Identität lässt sich somit als das Zusammenspiel von differenzsetzenden begrifflichen Wiederholungen betrachten. Damit sind »[a]lle Identitäten nur simuliert und wie ein optischer ›Effekt‹ durch ein tiefer liegendes Spiel erzeugt, durch das Spiel von Differenz und Wiederholung«, wie Gilles Deleuze (1968, S. 11) treffend formuliert.

Wenn wir aber die Vielfalt der Begriffe konstatieren, die zur Bezeichnung des Feldes der Sozialen Arbeit verwendet werden, dann können wir mit Scherpner (1962, S. 17) feststellen, dass »über die Abgrenzung dessen, was man so oder so bezeichnen wollte, weithin Unsicherheit bestand und heute noch besteht«. Dies äußerte der sich selbst »Fürsorgetheoretiker« nennende Scherpner Anfang der 1960er-Jahre. Seit dieser Zeit sind über 40 Jahre ins Land gegangen, ja es ist fast ein halbes Jahrhundert her. Daher lässt sich vermuten, dass sich seitdem einiges hinsichtlich der Identität der Sozialen Arbeit getan hat. Jedenfalls wollen wir hier genau von dieser These ausgehen und zu belegen versuchen: *dass die Identität der Sozialen Arbeit zwar nach wie vor ein viele verunsicherndes Thema ist, dass sich aber inzwischen sowohl empirische Befunde als auch theoretische Reflexionen erkennen lassen, die neue, weiterführende und konstruktive Antworten auf diesen Evergreen geben können.*

Zweifellos ist die Situation noch ähnlich wie in den 1990er-Jahren, als Franz Hochstrasser (1997, S. 160) formulierte, dass

> »Identität […] gesucht (wird), insbesondere von den Berufsmenschen im Sozialbereich. Deswegen wird so viel über Identität gesprochen und geschrieben, und die Identitätskonzepte sind unzählbar.«

Daher komme

> »[ü]berall, wo sich Sozialarbeiter treffen oder wo über Sozialarbeit geschrieben wird, […] auf die eine oder andere Art die Identitätsproblematik des Berufes zur Sprache«,

wie Peter Lüssi (1992, S. 23) Anfang der 1990er-Jahre schrieb. »Ja, es gehört schon fast zur beruflichen Identität des Sozialarbeiters, ein Identitätsproblem zu haben« (ebd.).

Tatsächlich können noch immer Belege für die Diagnosen der Schweizer Kollegen Hochstrasser und Lüssi gefunden werden; aber zugleich zeichnet sich bereits eine andere, weniger angespannte Art ab, mit der ungeklärten Identität der Sozialen Arbeit umzugehen. Denn mittlerweile wird die Identitätsproblematik nicht lediglich als Schwäche, sondern ebenfalls als eine Stärke erlebt und beschrieben (vgl. Pantucek 2007, S. 38). Diejenigen, die die Identitätsunsicherheit der Sozialen Arbeit als eine Stärke bewerten, verabschieden sich mitunter gänzlich vom Identitätspostulat und anerkennen eine vermeintliche Identitäts- oder Eigenschaftslosigkeit der Profession (vgl. etwa Bardmann 1996; Kleve 2000a). Aber möglicherweise handelt es sich hier nur um eine scheinbare Polarität, die zwischen den Identitätssuchern und denen, die die Identität verabschieden, aufgespannt wird. Vielleicht sind beide Positionen gar in einer dritten Position vermittelbar. Und vielleicht geht es bei der Identitätsfrage in der Sozialen Arbeit noch um etwas anderes, etwa um ökonomische, politische oder wissenschaftliche Interessen von Professionen.

Im Folgenden sollen diese und weitere Positionen zur Identitätsfrage der Sozialen Arbeit in Form eines Tetralemmas diskutiert werden. Außerdem wird ein Blick geworfen auf einige empirische Untersuchungen zum Thema, die letztlich das bestätigen, was in diesem Beitrag eher theoretisch ausgeführt wird: *dass wir in der Sozialen Arbeit gut beraten sind, wenn wir uns hinsichtlich der Identität von der modernen in Richtung einer postmodernen Haltung bewegen.*

Das Tetralemma der Identität bzw. Identitätslosigkeit der Sozialen Arbeit

Die Struktur der Identitätsfrage der Sozialen Arbeit kann als ein *Tetralemma* veranschaulicht werden. Hinsichtlich der Identität der Sozialen Arbeit können wir alle fünf genannten Positionen des erweiterten Tetralemmas betrachten: die *erste Position* (»das Eine«) wäre das klassische Identitätspostulat; die *zweite Position* (»das Andere«) wäre die Ablehnung eindeutiger Identität bzw. die Akzeptanz der Offenheit sozialarbeiterischer Identität, ihre Identitätslosigkeit; bei Einnahme der *dritten Position* (»Beides«) würde es darum gehen, übersehene

Verbindungen, Gemeinsamkeiten zwischen dem Identitätspostulat und der Akzeptanz der Identitätslosigkeit zu finden; die *vierte Position* (»Keines von Beiden«) erlaubt es, nach dem Ausschau zu halten, worum es bei der sozialarbeiterischen Identitätsfrage auch noch geht, welche Kontexte hier also flankierend wirken oder gar die Identitätsfrage und ihr Dilemma erst herausfordern. Schließlich könnten wir versuchen, die buddhistische, also erweiterte, die *fünfte Position* (»... all dies nicht – und selbst das nicht«) einzunehmen, um zu fragen, ob noch etwas ganz Anderes bei der Identitätsfrage relevant sein könnte.

Die erste Position – *Das Eine:* das Identitätspostulat

Der Mainstream der Stimmen im Identitätsdiskurs der Sozialen Arbeit steht freilich vor allem auf dieser Position und sucht nach der klaren Identität der Profession oder glaubt, sie inzwischen gefunden zu haben. Und so zirkulieren unterschiedliche Identitätsangebote in der Sozialarbeitswissenschaft und der Sozialarbeitspraxis, die – wie etwa Peter Erath (2006) zeigt – als Theorien, Professionstheorien, Modelle oder Handlungskonzepte verstanden werden können. Die Suche nach der und manchmal gar der Kampf um die Identität der Sozialen Arbeit geht weiter und weiter. Ganz im Sinne dessen, was klassische Professionen (Ärzte, Psychotherapeuten, Rechtsanwälte, Priester u. Ä.) scheinbar erreicht haben, streben die meisten Sozialarbeiterinnen und Sozialarbeiter sowie zahlreiche Wissenschaftler der Sozialen Arbeit nach einem klaren Berufsbild mit einer sicheren und dauerhaften Selbstbeschreibung.

Stellvertretend für viele, die sich mit dieser Suche und diesem Kampf sowie der diesbezüglichen Identitätsarbeit beschäftigen, seien Rosemarie Karges und Ilse M. Lehner (2005, S. 455) angeführt. Die beiden Autorinnen proklamieren das Ziel: »eine arbeitsfeldübergreifende gemeinsame Berufsidentität [bereits; H. K.] bei den Studierenden aufzubauen«. Dies könne etwa geschehen

> »durch eine verstärkte Diskussion um die Sozialarbeitswissenschaft [...], eine engagierte Debatte über die Notwendigkeit und das Aussehen eines Berufsbildes und einer eigenständigen professionellen Identität, ein Herausstellen des spezifisch sozialarbeiterischen Beitrags für soziale Tätigkeiten (weshalb Sozialarbeit nicht von einer anderen Berufsgruppe und auch nicht von Laien geleistet werden kann), eine Konfrontation mit der beruflichen Identität und dem Status von Sozialarbeitern und Sozialarbeiterinnen in der Praxis« (ebd.).

Bereits die Ausbildung könne damit, so die beiden Autorinnen, Unsicherheiten professioneller Identitätsbildung in der Sozialen Arbeit entgegenwirken (vgl. ebd.).

Die zweite Position – *Das Andere:* die Akzeptanz der Identitätslosigkeit

Die zweite Position ist sicherlich für viele Protagonisten, die die erste Position vertreten (und das sind nach wie vor die meisten), eine unvorstellbare Option oder gar etwas für die sozialarbeiterische Profession und ihre Klientel äußerst Schädliches, wie dies Ernst Engelke (2003, S. 476) suggeriert. Nun lassen sich aber inzwischen dennoch Stimmen vernehmen, die mit der sozialarbeiterischen Schwierigkeit, eine eindeutige und dauerhafte Identität zu finden, Frieden geschlossen haben und die Akzeptanz dessen postulieren, was mit der ersten Position als zu behebendes Übel bewertet werden kann.

So vertreten Theodor Bardmann (1996) und im Anschluss daran der Autor dieses Beitrags (vgl. insbesondere Kleve 2000a) die These, *dass es in der Sozialen Arbeit darauf ankommt, die ungeklärte Identität zu akzeptieren, weil Soziale Arbeit und ihre Reflexionen möglicherweise überhaupt nicht transformierbar sind in das, was klassischerweise gefordert wird: in eine klar abgegrenzte und eindeutige Form.* Vielmehr resultiert vielleicht gerade aus der Offenheit und Unsicherheit der Sozialen Arbeit bezüglich ihrer Identität das Erfolgsprogramm dieser Profession, das in beeindruckender Weise etwa angesichts ihrer gesellschaftlichen Ausbreitung im 20. Jahrhundert (vgl. etwa Merten 1997; Rauschenbach 1999) konstatiert werden kann. Das vor Kurzem erst vergangene »sozialpädagogische Jahrhundert« (Thiersch 1992) zeigte uns, welchen Erfolg gerade eine Profession erlebte, die sich eben nicht eindeutig darin festlegen mochte, welches Mandat sie verfolgt, welche Wissenschaften oder Theorien sie präferiert, welche Zielgruppen sie thematisiert, welche Arbeitsfelder sie beackert und in wie vielen Dimensionen sie ihre Fälle betrachtet.

Wie ich an anderer Stelle (vgl. Kleve 2003, 2007a) dargelegt habe, entspringt der Erfolg der Sozialen Arbeit, dass wir also inzwischen von einer gesellschaftsweit agierenden und aus der Sozialstruktur der Gesellschaft nicht mehr wegzudenkenden Profession sprechen können, aus ihrem *doppelten Generalismus.* Soziale Arbeit agiert generalistisch, klassisch gesprochen: »ganzheitlich«, und zwar sowohl bezüglich ihres gesellschaftsweiten Bezugs *(= universeller Generalismus)* als auch hinsichtlich ihrer dreidimensionalen, genauer: biopsychosozialen Fallorientierung *(= spezialisierter Generalismus)*.

Die dritte Position – *Beides:* die übersehene Vereinbarkeit zwischen dem Einen und dem Anderen

Bei näherer Betrachtung der zweiten Position können wir erkennen, dass sie auf eine *Paradoxie* verweist: Denn die *Identität* der Sozialen Arbeit wird in ihrer *Nichtidentität*, in ihrer Identitätslosigkeit gesehen (ausführlich vgl. Kleve 2000a). Bardmann (1996, S. 15 f.) streicht dies in seinem geradezu paradigmatischen Aufsatz *Eigenschaftslosigkeit als Eigenschaft* besonders deutlich und eingehend heraus. Daher soll hier eine längere Passage des genannten Beitrags zitiert werden – dort heißt es (ebd.; Hervorh. im Orig.):

> »Betrachtet man die Geschichte der Sozialarbeit oder auch nur ihre derzeitigen Veranstaltungen, so ging und geht es immer auch darum, nach ›passenden‹ Eigenschaften zu suchen, um sich eine ›professionelle Identität‹ zu geben. So wurden im Laufe der Zeit alle möglichen Moden und Marotten ausprobiert, doch nichts wollte als ›professioneller Kern‹ oder als ›professionelle Essenz‹ letztlich genügen. Aus diesem Grund sprachen viele Beobachter der Sozialarbeit nur eine ›halbe‹ Professionalität zu oder nannten sie ›semiprofessionell‹. Andere sprachen ihr Professionalität gänzlich ab. Manche vertrösteten sie darauf, in naher oder ferner Zukunft vielleicht einmal professionell zu werden. Es gab selbst solche Stimmen, die ihr ›Entprofessionalisierung‹ empfahlen, obwohl ihr professioneller Status noch gar nicht geklärt war. Während dieser Debatten mussten die Sozialarbeiter ihre Arbeit trotzdem verrichten, und zwar *ohne* ihre professionelle Identität eindeutig bestimmt zu haben, *ohne* klar benannte Ziel-, Aufgaben- und Funktionsvorgaben erwirkt zu haben, *ohne* auf einheitlich abgestimmte Ansätze und Konzepte zurückgreifen zu können. Sie operierte [...] ›schmuddelig‹, ›eigenschaftslos‹, in ›zwangsweise freier Selbstbestimmung‹. Der überwiegende Teil der Beobachter will oder kann sich aber die Sozialarbeit als ›Profession ohne Eigenschaften‹ nicht vorstellen. Er wird deshalb nicht müde, ihr immer wieder neue Eigenschaften anzutragen, um sie endlich auf einen klaren, professionellen Kern zu lotsen. Was aber, wenn die Sozialarbeit – jenseits der theoretischen, kritischen und belehrenden Kommentare – ihre Identitätsfrage bereits beantwortet hat? Was, wenn sie sich für die Eigenschaftslosigkeit entschieden hat? Meine These lautet: *Eigenschaftslosigkeit ist die hervorragende und maßgebliche professionelle Eigenschaft der praktischen Sozialarbeit.* Ihre ›Schmuddeligkeit‹ ist nicht

> ihr Makel, sondern ihr Markenzeichen, nicht ihr Defizit, sondern ihre Kompetenz«.

Hier offenbart sich deutlich, dass die erste mit der zweiten Position vereinbar ist, weil die Soziale Arbeit, wie die erste Position dies fordert, tatsächlich eine Identität etabliert, die jedoch gerade darin besteht, identitätsoffen – oder wie Bardmann formuliert: eigenschaftslos zu sein. *Identität wäre damit in der Sozialen Arbeit nur noch mit einem paradoxen Widerspruch zu haben.*

Wer hier die klassische Wissenschaftlichkeit oder gar den sprichwörtlichen gesunden Menschenverstand in Gefahr sieht, der doch Paradoxien und Ambivalenzen zu beseitigen trachtet, dem sei mit Theodor W. Adorno (1973, S. 10) versichert, »dass die Gesellschaft, in der wir leben, selber in sich wesentlich konstitutiv widerspruchsvoll ist«. Daher ist es für eine Wissenschaft, die sich genau auf diese Gesellschaft bezieht, nicht überraschend, dass sie paradoxiegeladene Beschreibungen anfertigt (vgl. ebd.). Zahlreiche weitere wichtige Protagonisten der Sozialwissenschaften kommen ebenfalls zu dieser Einsicht. Und so sind maßgebliche der heute gängigen Sozialtheorien, etwa die Theorie der reflexiven Modernisierung (vgl. grundlegend etwa Beck 1993), die soziologische Systemtheorie (vgl. etwa Luhmann 1997b) oder die sozialwissenschaftliche Theorie der Postmoderne (vgl. etwa Bauman 1991), Paradoxien und Ambivalenzen akzeptierende und reflektierende Ansätze. Die Sozialarbeitswissenschaft würde sich mit einer paradoxen Identitätsbeschreibung der Praxis also in bester sozialwissenschaftlicher Gesellschaft befinden.

Außer auf die paradoxe Identitätsarbeit sei aber schließlich auf eine weitere Vereinbarkeit der ersten Position (der Identitätssuche) und der zweiten Position (der Akzeptanz der Identitätsoffenheit) hingewiesen: *Die These von der offenen Identität anerkennt die Notwendigkeit, dass es in zahlreichen Kontexten äußerst wichtig erscheint und sehr angemessen ist, Identität zu zeigen.* Die Kommunikation mit bestimmten Gesellschaftsbereichen (etwa mit der Politik oder der Ökonomie) gelingt womöglich nur, wenn diejenigen, die aus der Sozialen Arbeit heraus mit diesen Sphären agieren, sich eindeutig und klar positionieren sowie auf der Basis einer klar markierten sozialarbeiterischen Identität zeigen. Allerdings ist es erforderlich, diese Identität bei der Arbeit mit der Klientel oder im Austausch mit anderen Professionellen wieder abzulegen, sich also wieder zu öffnen für andere bzw. weitere, ebendem jeweiligen Kontext angemessene Identitätsbeschreibungen. Hier zeigt sich mithin, dass Identität in der Sozialen Arbeit durchaus wichtig ist, *aber von Kontext zu Kontext jeweils eine andere.*

Diese *Kontexttrennung* hinsichtlich der Einnahme unterschiedlicher Identitäten sensibilisiert schließlich für eine zentrale Erfahrung, die eigentlich jeder in unserer postmodernen Gesellschaft erleben kann: dass Identitäten nette Mogeleien sind, Strategien, die ein *So-tun-als-ob* bzw. eine *Simulation* erlauben.

Die vierte Position – *Keines von Beiden:* die übersehenen Kontexte, die der Identitätsfrage »eigentlich« vorausgehen ... oder: Das, worauf die Identitätsfrage hinweist

Wir haben bisher drei Positionen des Tetralemmas durchlaufen; und möglicherweise konnte dabei bereits deutlich werden, mit welcher Komplexität die Identitätsfrage der Sozialen Arbeit angereichert werden kann. Eine weitere Anreicherung dieses Themas bietet die vierte Position des Tetralemmas. Denn, ausgehend von der Frage, worauf das vermeintliche sozialarbeiterische Identitätsproblem »eigentlich« hinweist, wird sichtbar, dass es dabei auch noch um etwas anderes geht: *zum einen* um ökonomische, politische und wissenschaftliche Interessen und *zum anderen* um bestimmte professions- und wissenschaftstheoretische Konzeptionen.

Im Identitätsdiskurs wird offen oder verdeckt immer wieder herausgestrichen, dass es darum geht, die Soziale Arbeit als eine gesellschaftliche Profession konturiert zur Geltung zu bringen, ihr Ansehen zu erhöhen, ihre ökonomische, sprich: finanzielle Basis zu verbessern und den politischen Einfluss zu vergrößern. Außerdem gehe es bei diesem Beruf doch um eine »Lobby für benachteiligte Menschen, die Einfluss auf Strukturen nehmen kann« (Karges u. Lehner 2005, S. 453) oder nehmen sollte. Und dieser Einfluss wird im Vergleich zu anderen Berufsgruppen als noch zu gering eingeschätzt. Dabei werden Sozialarbeiterinnen und Sozialarbeiter auch nicht selten mit anderen Professionellen verglichen, etwa mit Ärzten, Psychologen oder Juristen, die diesbezüglich klarer, eindeutiger und selbstbewusster aufträten.

Gelänge es der Sozialen Arbeit, ihre berufliche Identität klarer zu konturieren, so die Annahme, würde dies auch zur Folge haben, dass sich ihr politischer Einfluss verstärken sowie ihre ökonomische

Basis ausweiten könnten. Diese ökonomische Basis spiegelt sich freilich auch in der Gehaltsstruktur sozialarbeiterischer Berufsgruppen. Sozialarbeiter, die inzwischen sehr häufig in befristeten und Teilzeitverhältnissen tätig sind, erhalten für ihre äußerst anspruchsvollen Aufgaben relativ geringe Gehälter.

Schließlich verweist das Streben nach der sozialarbeiterischen Identität auf die inzwischen zahlreichen Versuche, die Wissenschaft der Sozialen Arbeit zu stärken und auszubauen. Hier zeigt sich ein zirkulärer Zusammenhang: Eine starke Profession würde der Wissenschaft der Sozialen Arbeit nützen, könnte sie konsolidieren helfen und von ihrer Stärke profitieren; aber auch umgekehrt gilt das Gleiche: Eine ausgebaute und weithin anerkannte Sozialarbeitswissenschaft hätte einen stärkenden Effekt hinsichtlich der Sozialarbeitsprofession. Daher gehören die Professions- und Wissenschaftsdiskurse in der Sozialen Arbeit unmittelbar zusammen; beide Diskurse können zudem mit ähnlichen theoretischen und sozialphilosophischen Gemüts- und Geisteshaltungen in Zusammenhang gebracht werden (ausführlich dazu Kleve 2000a).

Gemeinhin zirkulären in der Sozialen Arbeit Professions- und Wissenschaftskonzepte, die wir als »modern« bezeichnen könnten. Damit sind Ansätze gemeint, die hinsichtlich der Identitätsfrage nur eine Antwort zulassen, nämlich die Antwort, die in der ersten Position des Tetralemmas beschrieben wurde: das Identitätspostulat. Die Moderne als Gemüts- und Geisteshaltung (vgl. etwa Bauman 1991) strebt nach Eindeutigkeit, nach Rationalität (im Singular), nach Planbarkeit und Ordnung. Die postmoderne Gemüts- und Geisteshaltung hingegen arrangiert sich mit dem, was ist: hinsichtlich der Sozialen Arbeit mit der offenen, ungeklärten, ja geradezu paradoxen Situation der Profession, wie dies mit der zweiten und mehr noch mit der dritten Position des Tetralemmas beschrieben wurde. Neben den bereits genannten Werken von Bardmann und Kleve sowie der Arbeit von Jan V. Wirth (2005) können im internationalen Bereich etwa die Beiträge von Nigel Parton und Patrick O'Byrne (2000) sowie von Karen Healey (2000) als postmodern bewertet werden.

Die postmoderne Gemüts- und Geisteshaltung, wie sie paradigmatisch insbesondere von Jean-François Lyotard (1979) ausgearbeitet wurde, reagiert auf die zahlreichen Umwälzungen unserer Gesellschaft – einer Gesellschaft, die schon lange nicht mehr eindeutig als eine bestimmte Gesellschaft identifiziert werden kann, in der vielmehr zahlreiche Selbstbeschreibungen (vgl. Luhmann 1997b, 866 ff.) zirkulieren. Genauso wenig, wie die Gesellschaft eine eindeutige und dauerhafte Identität ausbildet, ist es Personen und Professionen unter postmodernen Bedingungen nicht mehr vergönnt, sich dauerhaft und eindeutig auf klare Selbstbeschreibungen zu verlassen – was diese jedoch schaffen, sind Selbstbeschreibungen, die (wie Flickenteppiche) ziemlich bunt und in vielfältiger sowie immer neuer Weise kontextabhängig arrangiert werden.

Die fünfte Position – ... *all dies nicht ... und selbst das nicht:* etwas ganz Anderes bzw. die Negation der bisherigen Positionen und die Negation dieser Negation

Schließlich wollen wir – zumindest kurz – die fünfte Position des erweiterten (buddhistischen) Tetralemmas einnehmen. Diese Position ist, genau genommen, keine Position, sondern eine *Nichtposition;* sie ist eher ein Prinzip, das der *Nichtanhaftung* dient, das uns auch nach dem Durchlaufen der vier Positionen hilft, offenzubleiben für das, was auch noch möglich sein könnte. Hinsichtlich der sozialarbeiterischen Identitätsfrage gerät hier beispielsweise in den Blick, dass Sozialarbeiterinnen und Sozialarbeiter, auch ohne dass die Identitätsfrage klar, abschließend und befriedigend beantwortet wird, agieren müssen; dass sie ihre Tätigkeiten ausführen, obwohl offenbleibt, wie die professionelle Identität nun klar beschrieben oder gar identifiziert werden kann.

Dieses Agieren im Vorläufigen und Offenen gelingt den Praktikerinnen und Praktikern sicherlich in unterschiedlicher Weise, manchmal eher schlecht als recht. Aber es gelingt vielen auch außerordentlich gut. Somit gerät eine ganz auf das Individuelle ausgerichtete Perspektive in den Blick, nämlich die Frage nach den subjektiven Möglichkeiten und Grenzen, in einem Feld zu agieren, das eben hinsichtlich seiner Identifizierung eher Vexierbilder offenbart.

Wer Soziale Arbeit professionell betrieben will, der muss – so könnte hier zusammenfassend festgestellt werden – bereit und in der Lage sein, sich mit der permanenten Vorläufigkeit, um nicht zu sagen: Unsicherheit all dessen abzufinden, was er tut. Professionelle in der Sozialen Arbeit benötigen daher das, was man in der klassischen Rollentheorie, die sich u. a. mit widersprüchlichen Rollenanforderungen beschäftigt, als *Ambiguitätstoleranz* bezeichnet.

Der empirische Blick auf die offene Identität der Sozialen Arbeit

Nachdem wir die fünf Perspektiven des (negierten bzw. erweiterten) Tetralemmas durchwandert haben, wollen wir nun einen Blick auf drei aus meiner Sicht äußerst interessante empirische Untersuchungen werfen, auf eine etwas ältere Studie von Wilhelm Klüsche (1994) sowie auf zwei relativ neue und recht umfangreiche Untersuchungen zur beruflichen Identität in der Sozialen Arbeit von Thomas Harmsen (2004) und Jan Kruse (2004). Alle drei Arbeiten können als empirische Belege für das Postulat dieses Beitrages angeführt werden: *dass Sozialarbeiter ihr Verhältnis zur professionellen Identität postmodern entspannen können.*

Wilhelm Klüsche (1994) hat in einer quantitativen Untersuchung mehrere Hundert Sozialarbeiter aus unterschiedlichen Arbeitsfeldern zu Aspekten ihrer Tätigkeit, insbesondere auch zu ihren Tätigkeitsmerkmalen und Selbstbeschreibungen, befragt. Nach Auswertung seiner Ergebnisse kommt er zu zwei zentralen Schlussfolgerungen, die auf das bezogen werden können, was ich oben als den *doppelten Generalismus* Sozialer Arbeit bezeichnet habe. Zum einen beschreibt Klüsche den *universellen Generalismus*, wenn er feststellt, dass die Soziale Arbeit durch eine »Vielfalt der Arbeitsfelder« (ebd., S. 76) gekennzeichnet ist:

> »In der Regel sind berufliche Identitäten dadurch geprägt, dass umschriebene Arbeitsbereiche speziellen Berufsgruppen eindeutig zugeordnet werden können. Sozialarbeiter/Sozialpädagogen arbeiten aber in sehr unterschiedlichen Tätigkeitsfeldern und Institutionen.«

Zum anderen wird der *spezialisierte Generalismus* von Klüsche implizit angesprochen, indem er anmerkt, dass eben »nicht nur die Einsatzfelder [...] ungemein weitgefächert (sind), auch die Tätigkeiten, die dort erbracht werden, sind komplex und unscharf« (ebd.). Beiden Aspekten des Generalismus liege zugrunde, dass Sozialarbeiter immer dann tätig werden, wenn andere Professionen aufgrund der Komplexität der Problemstellungen ihre Tätigkeit eher beenden. Gerade Situationen mit einer Vielzahl unterschiedlicher Interessen, Positionen und Standpunkten sind typische Kontexte, in denen Sozialarbeiter agieren. Daher, so resümiert Klüsche (ebd., S. 104), werde das

> »Aushaltenkönnen von Widersprüchen [...] zur beruflichen Leistung, und jede Einseitigkeit verringert die Chance, diese Vermittlungsfunktion auszufüllen.«

Jan V. Wirth (2008; Mitteilung in einem persönlichen Gespräch), so möchte ich hier ergänzend anfügen, sieht es deshalb als wichtig an, Sozialarbeiter in Supervisionen oder Fallreflexionen nicht nach ihrem Standpunkt (im Singular), sondern nach ihren Standpunkten (im Plural) zu fragen.

Im Rahmen der qualitativen Studie, die Thomas Harmsen (2004) nach den Prinzipien der *Grounded Theory* realisiert hat, führte er 16 Interviews mit Sozialarbeitern aus unterschiedlichen Feldern durch. Dabei ging er von fünf Fragekategorien aus: Biografie und Profession der Befragten; Identitätsbildung im Studium; gesellschaftliche und politische Einflüsse bei der professionellen Identitätskonstruktion; Theorie-Praxis-Relationierung; Strukturorte professioneller Identitätskonstruktion (vgl. ebd., S. 196). Sehr interessant sind die Ergebnisse, die Harmsen (ebd., S. 204 ff.) herausstellt. Ähnlich dem, wie es in der fünften Position des erweiterten Tetralemmas beschrieben wurde, kommt Harmsen zu dem Ergebnis, dass »Soziale Arbeit [...] eine Profession ist, die sehr stark von subjektiven Erfahrungen und Konstruktionen geprägt ist« (ebd., S. 225). So erscheine die »Subjektivität als Grundlage professioneller Identität« (ebd.). Demnach sei »[p]rofessionelle Identität in der Sozialen Arbeit [...] eine subjektive, handlungsorientierte, reflexive und flexible Konstruktionsleistung« (ebd., S. 322). Ganz im Sinne der postmodernen Professionstheorie kommt er zum Schluss, dass es »keine eindeutige professionelle Identität (gibt), die kollektiv geteilt wird« (ebd., S. 323). Allerdings lassen sich nach Harmsen erfolgreiche Strategien der Identitätskonstruktion beobachten. Daher ist für ihn die provokative These einer »Sozialarbeit ohne Eigenschaften« nicht bestätigt. Vielmehr schwächt er sie ab, wenn er statt vom Konzept der Identität der Identitätslosigkeit, wie es in der dritten Position des Tetralemmas beschrieben wurde, von alltagsorientierten Patchworkidentitäten spricht, die erfolgreiche Sozialarbeiterinnen und Sozialarbeiter zu konstruieren vermögen (ebd., zum Beispiel S. 335).

Übereinstimmend mit der Argumentation dieses Beitrages, kann mit Harmsen (ebd., S. 332) festgehalten werden, dass am ehesten

> »ein postmoderner Zugang zur Identitätsfrage in der Lage (ist), professionelle Identität zu beschreiben. Identität wird aus dieser Perspektive als ein beständiger Veränderungs- und Reflexionsprozess beschrieben.«

Eine sehr interessante Arbeit hat schließlich auch Kruse (2004) vorgelegt, der die Soziale Arbeit mit Berufsgruppen der Informations- und Kommunikationsdienstleistungen vergleicht. Kruse hat zwölf Leitfadeninterviews durchgeführt; fünf seiner Interviewpartner kamen aus recht unterschiedlichen Feldern der professionellen Sozialen Arbeit, sechs aus dem Bereich der Informations-, Kommunikations- bzw. Computerbranche, und eine Interviewte war ehrenamtliche Mitarbeiterin bei einer Telefonseelsorge. Kruse kommt bei seiner Analyse, die er – ähnlich wie Harmsen – u. a. mit der *Grounded Theory* strukturiert, zu Ergebnissen, die ebenfalls die postmoderne Perspektive stärken. Neben dem erstaunlichen Resultat, dass sich Soziale und informatisierte Arbeit hinsichtlich der Problematik der professionellen Identität gleichen, gelangt er zur Überzeugung, dass die klassischen professionstheoretischen Konzepte für die beiden von ihm untersuchten Berufsgruppen untauglich seien. Vielmehr schließt er sich nach Sichtung seiner Ergebnisse klar der postmodernen Perspektive an und erweitert ihre Anwendbarkeit auf die Professionellen der informatisierten Arbeit: Der postmoderne Entwurf der Sozialen Arbeit, der die »fachliche Bewältigung von Ambivalenz als das zentrale Professionalitätsmerkmal formuliert« (ebd., S. 339), sei nicht nur für die sozialarbeiterische Praxis passend,

> »sondern wohl für alle Berufe in der ›postmodernen‹ Gesellschaft: ›*Arbeit und Ambivalenz*‹ werden in dieser Paarung zu einem universellen Thema« (ebd.; Hervorh. im Orig.).

Resümee

Nach dem Durchwandern des erweiterten Tetralemmas und dem knappen Blick auf drei Forschungen zum Themenfeld der professionellen Identität können wir mindestens drei zentrale Ergebnisse festhalten:

Erstens: Das Thema der professionellen Identität ist in der Sozialen Arbeit ein Evergreen, ein Dauerbrenner, ein immer noch viel diskutiertes Thema. Dies verweist darauf, dass die Identitätssucher das noch nicht gefunden haben, was sie und ihre Beobachter befriedigen würde: *die* professionelle Identität der Sozialen Arbeit.

Zweitens: Bei Betrachtung der Sozialen Arbeit, die in einer besonderen, einer doppelt generalistischen Weise in der Gesellschaft agiert, zeigt sich, dass diese Profession eine klassische bzw. eindeutige und klar abgegrenzte professionelle Identität womöglich überhaupt nicht ausbilden kann. Daher sollten wir akzeptieren, was ist: die Offenheit der Sozialen Arbeit hinsichtlich ihrer Identität.

Drittens: Die offene sozialarbeiterische Identität kann in postmoderner, mithin in spielerischer, konstruktiver und reflexiver Weise genutzt werden. Denn obwohl die Soziale Arbeit offenbar keine klassische professionelle Identität generieren kann, ist es den Professionellen möglich, kontextbezogene und temporär unterschiedliche, jeweils angemessene Selbstbeschreibungen zu kreieren. Identitäten können so von Sozialarbeiterinnen und Sozialarbeitern zwar nicht gewechselt werden wie Kleider, aber sie lassen sich als Möglichkeiten sehen, sich angemessen, mithin passend hinsichtlich der jeweiligen Ziele und kommunikativen Situationen zu inszenieren.

Veröffentlichungsnachweise

Bis auf das vierte und das achte Kapitel basieren die Kapitel dieses Buches auf Texten, die bereits veröffentlicht sind. Sie wurden für dieses Buch völlig überarbeitet, d. h. erweitert bzw. gekürzt und um aktuelle Literaturangaben ergänzt.

1. *Kapitel*: Differenz und Soziale Arbeit. Von Wegen im Umgang mit dem Verschiedenen (2002). Neue Praxis 5: 457–472.

2. *Kapitel:* Der Mensch der Sozialarbeit. Zur Unbestimmbarkeit eines Platzhalters – eine systemtheoretische Reflexion (2008). Soziale Arbeit 4: 140–145.

3. *Kapitel:* System als Problem. Eine Präzisierung der systemischen Perspektive (2010). Kontext 1: 3–11.

5. *Kapitel:* Vom Einschließen des Ausgeschlossenen. Systemische Aufstellungsarbeit und ihr Nutzen für die Theorieentwicklung Sozialer Arbeit (2008). Sozialmagazin 3: S. 43–53.

6. *Kapitel:* Systemische Aufstellungen in der Sozialen Arbeit. Plädoyer für ein effektives Reflexions- und Interventionsinstrument (2006). Soziale Arbeit 11: 415–421.

7. *Kapitel:* Systemische Aufstellungen in der Case Management-Weiterbildung und –Supervision (2008). Kontext 1: 19–30.

9. *Kapitel:* Differenz und Ambivalenz. Postmoderne Paradigmen in der sozialwissenschaftlichen Praxis (2010). Soziale Arbeit 3: 98–104.

10. *Kapitel:* Das Tetralemma der Veränderung – vom trivialen zum nicht-trivialen Implementieren (2009). Theorie und Praxis der Sozialen Arbeit 6: 459–467.

11. *Kapitel:* Ein Evergreen der Verunsicherung. Professionelle Identität in der Sozialen Arbeit – von der Moderne zur Postmoderne. In: Brigitte Geißler-Piltz/Susanne Gerull (Hrsg.) (2009): Soziale Arbeit im Gesundheitswesen. Wissen, Expertise und Identität in multiprofessionellen Settings. Opladen (Budrich UniPress), S. 109–120.

Literatur

Adorno, T. W. (1964): Jargon der Eigentlichkeit. Zur deutschen Ideologie. Frankfurt a. M. (Suhrkamp).

Adorno, T. W. (1966): Negative Dialektik. Frankfurt a. M. (Suhrkamp).

Adorno, T. W. (1973): Vorlesung zur Einleitung in die Soziologie. Frankfurt a. M. (Junius).

Andersen, T. (1990): Das Reflektierende Team. Dialoge und Dialoge über die Dialoge. Dortmund (Modernes Lernen).

Assheuer, T. (2001): Formel eins. Was ein Politiker von Schumacher lernen kann. *Die Zeit* 13: 51.

Baecker, D. (1994): Soziale Hilfe als Funktionssystem der Gesellschaft. *Zeitschrift für Soziologie* 2: 93–110.

Baecker, D. (2004): Wozu Soziologie? Berlin (Kadmos).

Baecker, D. (2007): Therapie für Erwachsene: Zur Dramaturgie der Strukturaufstellung. In: T. Groth u. G. Stey (Hrsg.): Potenziale der Organisationsaufstellung. Innovative Ideen und Anwendungsbereiche. Heidelberg (Carl-Auer), S. 14–31.

Bardmann, T. M. (1994): Wenn aus Arbeit Abfall wird. Abbau und Aufbau organisatorischer Realitäten. Frankfurt a. M. (Suhrkamp).

Bardmann, T. M. (1996): Eigenschaftslosigkeit als Eigenschaft. Sozialarbeit im Lichte der Kybernetik des Heinz von Foerster. In: T. M. Bardmann u. S. Hansen: Die Kybernetik der Sozialarbeit. Ein Theorieangebot. Aachen (Kersting), S. 15–33.

Bardmann, T. M. et al. (1992): Das gepfefferte Ferkel. Lesebuch für Sozialarbeiter und andere Konstruktivisten. Aachen (Kersting).

Bateson, G. (1972): Ökologie des Geistes. Anthropologische, psychologische, biologische und epistemologische Perspektiven. Frankfurt a. M. (Suhrkamp).

Bateson, G. (1979): Geist und Natur. Eine notwendige Einheit. Frankfurt a. M. (Suhrkamp).

Bauman, Z. (1991): Moderne und Ambivalenz. Das Ende der Eindeutigkeit. Frankfurt a. M. (Fischer).

Beck, U. (1993): Die Erfindung des Politischen. Zu einer Theorie reflexiver Modernisierung. Frankfurt a. M. (Suhrkamp).

Boal, A. (1976): Theater der Unterdrückten. Übungen und Spiele für Schauspieler und Nicht-Schauspieler. Frankfurt a. M. (Suhrkamp).

Boszormenyi-Nagy, I. u. G. Spark (1973): Unsichtbare Bindungen. Die Dynamik familiärer Systeme. Stuttgart (Klett-Cotta).

Bowlby, J. (1979): Das Glück und die Trauer. Herstellung und Lösung affektiver Bindungen. Stuttgart (Klett-Cotta).

Brunkhorst, H. (1989): Sozialarbeit als Ordnungsmacht. Zwischen Modernisierungsparadoxien und wachsendem Verständigungsbedarf. In: T. Olk u. H.-U. Otto (Hrsg.): Soziale Dienste im Wandel 2. Entwürfe sozialpädagogischen Handelns. Neuwied/Frankfurt a. M. (Luchterhand), S. 199–224.

Casale, R. (2001): Die Verwandlung der Philosophie in eine historische Diagnostik der Differenzen. In: H. Lutz u. N. Wenning (Hrsg.): Unterschiedlich verschieden. Differenz in der Erziehungswissenschaft. Opladen (Leske + Budrich), S. 25–46.

Conen, M.-L. u. G. Cecchin (2007): Wie kann ich Ihnen helfen, mich wieder loszuwerden? Therapie und Beratung mit unmotivierten Patienten und in Zwangskontexten. Heidelberg (Carl-Auer), 3. Aufl. 2011.

Daimler, R. (2008): Basics der Systemischen Strukturaufstellungen. Eine Anleitung für Einsteiger und Fortgeschrittene. München (Kösel).

De Jong, P. u. I. K. Berg (2002): Lösungen (er) finden. Das Werkstatthandbuch der lösungsorientierten Kurztherapie. Dortmund (modernen lernen).

Deleuze, G. (1968): Differenz und Wiederholung. München (Fink).

Derrida, J. (1972): Positionen. Graz/Wien (Passagen).

Derrida, J. (1988): Die différance. In: P. Engelmann (Hrsg.): Postmoderne und Dekonstruktion. Texte französischer Philosophen der Gegenwart. Stuttgart (Reclam), S. 76–113.

Dethlefsen, T. (1979): Schicksal als Chance. Das Urwissen zur Vollkommenheit des Menschen. München (Goldmann).

Durrant, M. (2004): Auf Stärken kannst Du bauen. Lösungsorientierte Arbeit in Heimen und anderen stationären Settings. Dortmund (Modernes Lernen).

Eberhard, K. (1999): Einführung in die Erkenntnis- und Wissenschaftstheorie. Geschichte und Praxis der konkurrierenden Erkenntniswege. Stuttgart (Kohlhammer).

Eco, U. (1983): Postmodernismus, Ironie und Vergnügen. In:U. Eco: Nachschrift zum »Namen der Rose«. München (dtv), S. 76–83.

Engelke, E. (2003): Die Wissenschaft Soziale Arbeit. Werdegang und Grundlagen. Freiburg im Br. (Lambertus).

Erath, P. (2006): Sozialarbeitswissenschaft. Eine Einführung. Stuttgart (Kohlhammer).

Eugster, R. (2000): Die Genese des Klienten. Soziale Arbeit als System. Bern/Stuttgart/Wien (Haupt).

Fischer, E. P. (2001): Die andere Bildung. Was man von den Naturwissenschaften wissen sollte. Köln (Ullstein).

Foerster, H. von (1999): Sicht und Einsicht. Versuche einer operativen Erkenntnistheorie. Heidelberg (Carl-Auer).

Fuchs, P. (1993): Moderne Kommunikation. Zur Theorie des operativen Displacement. Frankfurt a. M. (Suhrkamp).

Fuchs, P. (1998): Das Unbewußte in Psychoanalyse und Systemtheorie. Die Herrschaft der Verlautbarung und die Erreichbarkeit des Bewußtseins. Frankfurt a. M. (Suhrkamp).

Fuchs, P. (2007): Das Maß aller Dinge. Eine Abhandlung zur Metaphysik des Menschen. Weilerswist (Velbrück).

Fuchs, P. u. A. Göbel (Hrsg.) (1994): Der Mensch – das Medium der Gesellschaft? Frankfurt a. M. (Suhrkamp).

Fuchs, P. u. D. Schneider (1995): Das Hauptmann-von-Köpenick-Syndrom. Überlegungen zur Zukunft funktionaler Differenzierung. *Soziale Systeme* 2: 203–224.

Fuchs, S. (2007): Der Verlust der Eindeutigkeit. Annäherung an Individuum und Gesellschaft. Stuttgart (Klett-Cotta).

Goeschel, D. (2002): Psychodrama. In: Deutscher Verein für öffentliche und private Fürsorge (Hrsg.): Fachlexikon der sozialen Arbeit. Frankfurt a. M.: (Deutscher Verein für öffentliche und private Fürsorge), S. 743 f.

Goldner, C. (2003): Der Wille zum Schicksal. Die Heilslehre des Bert Hellinger. Wien: (Ueberreuter).

Goodman, N. (1978): Weisen der Welterzeugung. Frankfurt a. M. (Suhrkamp).

Groth, T. u. G. Stey (Hrsg.) (2007): Potenziale der Organisationsaufstellung. Innovative Ideen und Anwendungsbereiche. Heidelberg (Carl-Auer).

Habermas, J. (1981): Theorie des kommunikativen Handelns. Bd. 2: Zur Kritik der funktionalistischen Vernunft. Frankfurt a. M. (Suhrkamp).

Haller, D., W. Hinte u. B. Kummer (Hrsg.) (2007): Jenseits von Tradition und Postmoderne. Sozialraumorientierung in der Schweiz, Österreich und Deutschland. Weinheim/München (Juventa).

Hampe-Grosser, A. (2006): Systemisches Case Management mit Multiproblemfamilien. In: H. Kleve et al.: Systemisches Case Management. Falleinschätzung und Hilfeplanung in der Sozialen Arbeit. Heidelberg (Carl-Auer), 3., überarb. Aufl. 2011, S. 126–181.

Harmsen, T. (2004): Die Konstruktion der professionellen Identität in der Sozialen Arbeit. Theoretische Grundlagen und empirische Befunde. Heidelberg (Carl-Auer).

Haye, B. u. H. Kleve (1998): Reframing in der systemischen Supervision – Ein Beispiel für praktizierten (De-)Konstruktivismus. In: H. Neumann-Wirsig u. H. J. Kersting (Hrsg.): Supervision in der Postmoderne. Systemische Ideen und Interventionen in der Supervision und Organisationsberatung. Aachen (Kersting), S. 79–108.

Healy, K. (2000): Social Work Practices. Contemporary Perspectives on Change. London (Sage).

Heitmeyer, W. (Hrsg.) (1977): Was hält die Gesellschaft zusammen? Bundesrepublik Deutschland: Auf dem Wege von der Konsens- zur Konfliktgesellschaft. Bd. 2. Frankfurt a. M.: (Suhrkamp).

Hellinger, B. (1994): Ordnungen der Liebe. Ein Kursbuch. Heidelberg (Carl-Auer), 9. Aufl. 2010.

Hellinger, B. (2003): Die Mitte fühlt sich leicht an. Vorträge und Geschichten. München: (Kösel).

Hellinger, B. (2004): Helfen, das fordert. Auszüge aus dem Kurs für Jugendliche und ihre Betreuer. In: M. Knorr (Hrsg.): Aufstellungsarbeit in sozialen und pädagogischen Berufsfeldern. Die andere Art des Helfens. Heidelberg (Carl-Auer), S. 26–76.

Hellinger, B. u. G. ten Hövel (1996): Anerkennen, was ist. Gespräche über Verstrickung und Lösung. München (Kösel).

Hochstrasser, F. (1997): Multiple Identitäten in der Sozialen Arbeit. In: F. Hochstrasser et al. (Hrsg.): Die Fachhochschule für Soziale Arbeit. Bildungspolitische Antwort auf soziale Entwicklungen. Bern/Stuttgart/Wien (Haupt), S. 155–182.

Hollstein-Brinkmann, H. (1993): Soziale Arbeit und Systemtheorien. Freiburg im Br. (Lambertus).

Hondrich, K. O. (2006): Verborgene Bindungen. In: W. Nelles u. H. Breuer (Hrsg.): Der Baum trägt reiche Frucht. Dimensionen und Weiterentwicklungen des Familienstellens. Heidelberg (Carl-Auer), S. 42–54.

Hörisch, J. (1998): Die Wut des Verstehens. Zur Kritik der Hermeneutik. Frankfurt a. M. (Suhrkamp).

Horkheimer, M. u. T. W. Adorno (1947): Dialektik der Aufklärung. Philosophische Fragmente. Leipzig (Reclam).

Hosemann, W. (2006): Inklusion/Exklusion: Eine Schlüsseldiskussion zum Verständnis Sozialer Arbeit. In: W. Hosemann (Hrsg.): Potentiale und Grenzen systemischer Sozialarbeit. Freiburg im Br. (Lambertus), S. 33–65.

Hosemann, W. u. W. Geiling (2005): Einführung in die systemische Soziale Arbeit. Freiburg im Br. (Lambertus).

Jakubeit, G. (1999): »Fremdheit ist eine Beziehung, die gestaltet werden muss.« Integration ist ein schillernder Begriff – »Fremdheitskompetenz« als Ziel für Einzelne und Organisationen – Ein Interview. *Blätter der Wohlfahrtspflege* 5–6: 92–93.

Jung, C. G. (1934): Über die Archetypen des kollektiven Unbewußten. In: C. G. Jung: Bewußtes und Unbewußtes. Frankfurt a. M. (Fischer).

Junge, M. (2000): Ambivalente Gesellschaftlichkeit. Die Modernisierung der Vergesellschaftung und die Ordnungen der Ambivalenzbewältigung. Opladen (Leske+Budrich).

Junge, M.s (2001): Soziale Ordnung in der Postmoderne. (Antrittsvorlesung als Privatdozent an der Philosophischen Fakultät der Technischen Universität Chemnitz, 23.1.2001; unveröffentl. Manuskript.)

Kamper, D. (1986): Zur Soziologie der Imagination. München/Wien (Hanser).

Kamper, D. (1999): Ästhetik der Abwesenheit. Die Entfernung der Körper. München (Fink).

Karges, R. u. I. Lehner (2005): Zum Berufsbild der Sozialen Arbeit. Das berufliche Selbstverständnis und seine Unschärfen. *Soziale Arbeit* 12: 449–456.

Keck, A. (2007): Alles im System? Ein kritischer Beitrag zur Systemtheorie. *Soziale Arbeit* 1: 22–25.

Kersting, H. J. (1992): Kommunikationssystem Supervision: Unterwegs zu einer konstruktivistischen Beratung. Aachen (Kersting).

Kimmerle, H. (2000): Philosophien der Differenz. Eine Einführung. Würzburg (Königshausen & Neumann).

Kirchner, A. (2007): Die Systemtheorie und der Mensch. Alles im System beschreibbar: Anmerkungen zu einer theoretischen Debatte. *Soziale Arbeit* 10: 378–384.

Kleve, H. (1997): Soziale Arbeit zwischen Inklusion und Exklusion. *Neue Praxis* 5: 412–432.

Kleve, H. (2000a): Die Sozialarbeit ohne Eigenschaften. Fragmente einer postmodernen Professions- und Wissenschaftstheorie Sozialer Arbeit. Freiburg im Br. (Lambertus).

Kleve, H (2000b): Integration/Desintegration und Inklusion/Exklusion. Eine Verhältnisbestimmung aus sozialarbeitswissenschaftlicher Sicht. *Sozialmagazin* 12: 38–46.

Kleve, H. (2003): Sozialarbeitswissenschaft, Systemtheorie und Postmoderne. Grundlegungen und Anwendungen eines Theorie- und Methodenprogramms. Freiburg im Br. (Lambertus).

Kleve, H. (2004): Die intime Grenze funktionaler Partizipation. Ein Revisionsvorschlag zum systemtheoretischen Inklusions-/Exklusions-Konzept. In: R. Merten u. A. Scherr (Hrsg.): Inklusion und Exklusion in der Sozialen Arbeit. Wiesbaden (VS), S. 163–187.

Kleve, H. (2007a): Ambivalenz, System und Erfolg. Provokationen postmoderner Sozialarbeit. Heidelberg (Carl-Auer).

Kleve, H. (2007b): Sozialraumorientierung als postmoderne Kritik an der modernen Sozialen Arbeit – Ein systemtheoretischer Außenblick. In: D. Haller et al. (Hrsg.): Jenseits von Tradition und Postmoderne. Sozialraumorientierung in der Schweiz, Österreich und Deutschland. Weinheim/München (Juventa), S. 255–262.

Kleve, H. (2007c): Unsystematisch systemisch. Soziale Arbeit als widersprüchliche Profession und Disziplin. *Soziale Arbeit* 1: 25–27.

Kleve, H. (2007d): Postmoderne Sozialarbeit. Ein systemtheoretisch-konstruktivistischer Beitrag zur Sozialarbeitswissenschaft. Wiesbaden (VS).

Kleve, H. (2009a): Dreidimensionales Case Management. Zwischen Verfahren, Methoden und Haltung. In: A. Mühlum u. G. Rieger (Hrsg.): Soziale Arbeit in Wissenschaft und Praxis. (Festschrift für Wolf Rainer Wendt.) Lage (Jacobs), S. 280–294.

Kleve, H. (2009b): Die Organisation von Veränderung in der Sozialen Arbeit. Implementierung neuer Konzepte im Kontext nicht-trivialer Systeme. In: R. Wetzel et al. (Hrsg.): Die Organisation in unruhigen Zeiten. Über die Folgen von Strukturwandel, Veränderungsdruck und Funktionsverschiebung. Heidelberg (Carl-Auer), S. 299–315

Kleve, H. (2009c): Konstruktivismus und Soziale Arbeit: Einführung in Grundlagen der systemisch-konstruktivistischen Theorie und Praxis. Wiesbaden (VSKleve, H. u. J. V. Wirth (2009): Die Praxis der Sozialarbeitswissenschaft. Eine Einführung. Baltmannsweiler (Schneider).

Kleve, H., B. Haye, A. Hampe-Grosser u. M. Müller (2006): Systemisches Case Management. Falleinschätzung und Hilfeplanung in der Sozialen Arbeit. Heidelberg (Carl-Auer), 3., überarb. Aufl. 2011.

Klüsche, W. (1994): Befähigung zur Konfliktbewältigung – Ein identitätsstiftendes Merkmal für SozialarbeiterInnen/SozialpädagogInnen. In: W. Klüsche (Hrsg.): Professionelle Identitäten in der Sozialarbeit/Sozialpädagogik. Anstöße, Herausforderungen und Rahmenbedingungen im Prozeß der Entwicklung eines beruflichen Selbstverständnisses. Aachen (FHN), S. 75–109.

Knorr, M. (Hrsg.) (2004): Aufstellungsarbeit in sozialen und pädagogischen Berufsfeldern. Die andere Art des Helfens. Heidelberg (Carl-Auer).

Koch, G. et al. (2000): Ohne Körper geht nichts. Lernen in neuen Kontexten. Berlin/Milow (Schibri).

König, K. u. F. B. Simon (2001): Zwischen Couch & Einwegspiegel. Systemisches für Psychoanalytiker – Psychoanalytisches für Systemiker. Ein Gespräch. Heidelberg (Carl-Auer).

König, O. (2004): Familienwelten. Theorie und Praxis von Familienaufstellungen. Stuttgart (Pfeiffer bei Klett-Cotta).

Kröner, S. u. M. Böwer (2004): Fortbildungen für SozialarbeiterInnen: Systemische Beratung/Therapie. *Forum Sozial* 3: 30–31.

Kruse, J. (2004): Arbeit und Ambivalenz. Die Professionalisierung Sozialer und Informatisierter Arbeit. Bielefeld (Transcript).

Lambers, H. (2010): Systemtheoretische Grundlagen Sozialer Arbeit. Opladen/Farmington Hill (Budrich).

Löcherbach, P. (2003): Einsatz der Methode Case Management in Deutschland: Übersicht zur Praxis im Sozial- und Gesundheitswesen. (Vortrag, Augsburger Nachsorgesymposium, 24.05.2003.)

Löcherbach, P., W. Klug e u. U. Remmel-Faßbender (Hrsg.) (2005): Case Management. Fall- und Systemsteuerung in Theorie und Praxis. München (Reinhardt).

Luhmann, N. (1984): Soziale Systeme. Grundriß einer allgemeinen Theorie. Frankfurt a. M. (Suhrkamp).

Luhmann, N. (1990a): Die Wissenschaft der Gesellschaft. Frankfurt a. M. (Suhrkamp).

Luhmann, N. (1990b): Sozialsystem Familie. In: N. Luhmann Soziologische Aufklärung 5. Konstruktivistische Perspektiven. Opladen (Westdeutscher Verlag), S. 196–217.

Luhmann, N. (1991a): Probleme der Forschung in der Soziologie. In: N. Luhmann: Universität als Milieu. (Hrsg. v. A. Kieserling.) Bielefeld (Haux): S. 69–73.

Luhmann, N. (1991b): Soziologie des Risikos. Berlin/New York (de Gruyter).

Luhmann, N. (1995): Soziologische Aufklärung 6: Die Soziologie und der Mensch. Opladen (Westdeutscher Verlag).

Luhmann, N. (1997a): »Wie konstruiert man in eine Welt, die so ist, wie sie ist, Freiheiten hinein?« In: T. M. Bardmann (Hrsg.): Zirkuläre Positionen. Konstruktivismus als praktische Theorie. Opladen (Westdeutscher Verlag), S. 67–83.

Luhmann, N. (1997b): Die Gesellschaft der Gesellschaft. (2 Bde.) Frankfurt a. M. (Suhrkamp).

Lüssi, P. (1992): Systemische Sozialarbeit. Praktisches Lehrbuch der Sozialberatung, Bern (Haupt).

Lyotard, J.-F. (1979): Das postmoderne Wissen. Ein Bericht. Wien (Passagen).

Lyotard, J.-F. (1981): Regeln und Paradoxa. In: J.-F. Lyotard. (1986): Philosophie und Malerei im Zeitalter der Postmoderne. Berlin (Merve), S. 97–107.

Lyotard, J.-F. (1982): Beantwortung der Frage. Was ist postmodern? In: W. Welsch (Hrsg.): Wege aus der Moderne. Schlüsseltexte der Postmoderne-Diskussion. Berlin (Akademie), S. 193–203.

Lyotard, J.-F. (1983): Der Widerstreit. München (Fink).

Maturana, H. R. u. F. J. Varela (1984): Der Baum der Erkenntnis: Die biologischen Wurzeln des menschlichen Erkennens. München (Goldmann).

Maurer, S. (2001): Das Soziale und die Differenz. Zur (De-) Thematisierung von Differenz in der Sozialpädagogik. In: H. Lutz u. N. Wenning (Hrsg.): Unterschiedlich verschieden. Differenz in der Erziehungswissenschaft. Opladen (Leske + Budrich), S. 125–142.

Merten, R. (1997) Autonomie der Sozialen Arbeit. Zur Funktionsbestimmung als Disziplin und Profession. Weinheim/München (Juventa).

Merten, R. u. A. Scherr (Hrsg.) (2004): Inklusion und Exklusion in der Sozialen Arbeit. Wiesbaden (VS).

Minuchin, S. (1977): Familie und Familientherapie. Theorie und Praxis struktureller Familientherapie. Freiburgim r. (Lambertus).

Minuchin, S., P. Minuchin u. J. Colapinto (2000): Verstrickt im sozialen Netz. Neue Lösungswege für Multiproblem-Familien. Heidelberg (Carl-Auer). Neben Minuchin, S. sind die Autoren: P. Minuchin und J. Colapinto.

Mitchel, S. (2008): Komplexitäten. Warum wir erst anfangen, die Welt zu verstehen. Frankfurt a. M. (Suhrkamp).

Moos, M. u. E. Schmutz (2005): Familienaktivierende Heimerziehung. (Werkstattbericht der wissenschaftlichen Begleitung zum Projekt »Neue Formen Familienaktivierender Heimerziehung in Rheinland-Pfalz«.) Mainz (Institut für Sozialpädagogische Forschung).

Moreno, J. L. (2001): Psychodrama und Soziometrie. Essentielle Schriften. Bergisch-Gladbach (EHP).

Mühlum, A. (1996): Sozialarbeitswissenschaft. Notwendig, möglich und in Umrissen schon vorhanden. In: R. Puhl (Hrsg.): Sozialarbeitswissenschaft. Neue Chancen für theoriegeleitete Soziale Arbeit. München/Weinheim (Juventa), S. 25–40.

Mühlum, A. et al. (1997): Sozialarbeitswissenschaft, Pflegewissenschaft, Gesundheitswissenschaft. Freiburg im Br. (Lambertus).

Müller, B. (1995): Sozialer Friede und Multikultur. Thesen zur Geschichte und zum Selbstverständnis sozialer Arbeit. In: S. Müller et al. (Hrsg.): Fremde und Andere in Deutschland. Nachdenken über das Einverleiben, Einebnen, Ausgrenzen. Opladen (Leske + Budrich), S. 133–147.

Müller, C. W. (1999): Die Kultivierung gemischter Gefühle als sozialpadagogischer Beitrag zur Post-Moderne. (Vorlesung aus Anlass des Symposiums zum 70. Geburtstag von Wilfried Gottschalch in der Technischen Universität Dresden am 9. Dezember 1999; unveröffentl. Manuskript.)

Musil, R. (1978): Der Mann ohne Eigenschaften. (Erstes und Zweites Buch.) Reinbek bei Hamburg (Rowohlt).

Nassehi, A. (1997): Inklusion, Exklusion – Integration, Desintegration. Die Teorie funktionaler Differenzierung und die Desintegrationsthese. In: W. Heitmeyer (Hrsg.): Was hält die Gesellschaft zusammen? Bundesrepublik Deutschland: Auf dem Wege von der Konsens- zur Konfliktgesellschaft. (Bd. 2.) Frankfurt a. M. (Suhrkamp), S. 113–148.

Nassehi, A. (2000): Minarette in Oberbayern. Beide, Erfinder wie Kritker der Leitkultur, irren sich. *Die Zeit* 49. Nelles, W. (2005): Die Hellinger-Kontroverse. Fakten – Hintergründe – Klarstellungen. Freiburg im Br./Basel/Wien (Herder).

Nelles, W. (2006): Familien- und Systemaufstellungen. Methode, soziale Ordnungen und philosophische Grundhaltung. *Das gepfefferte Ferkel* – Online-Journal für systemisches Denken und Handeln. Verfügbar unter: http://www.wilfried-nelles.de/documents/Familien-undSystemaufstellungen.pdf. [16.3.2011]

Nelles, W. u. H. Breuer (Hrsg.) (2006): Der Baum trägt reiche Frucht. Dimensionen und Weiterentwicklungen des Familienstellens. Heidelberg (Carl-Auer).

Obrecht, W. (1996): Sozialarbeitswissenschaft als integrative Handlungswissenschaft. Ein metawissenschaftlicher Bezugsrahmen für die Wissenschaft Sozialer Arbeit. In: R. Merten et al. (Hrsg.): Sozialarbeitswissenschaft – Kontroversen und Perspektiven. Neuwied/Kriftel/Berlin (Luchterhand), S. 121–160.

Pantucek, P. (2005): Soziale Diagnostik. Verfahren für die Praxis Sozialer Arbeit. Wien/Köln/Weimar (Böhlau).

Pantucek, P. (2007): Sozialraumorientierung und Professionalisierung: Eine österreichische Perspektive. In: D. Haller et al. (Hrsg.): Jenseits von Tradition und Postmoderne. Sozialraumorientierung in der Schweiz, Österreich und Deutschland. Weinheim/München (Juventa), S. 38–49.

Parton, N. a. P. O'Byrne (2000): Constructive social work. Towards a new practice. Hampshire/New York (Palgrave).

Pauls, H. (2004): Klinische Sozialarbeit. Grundlagen und Methoden psychosozialer Behandlung. Weinheim/München (Juventa).

Pfeifer-Schaupp, H.-U. (1995): Jenseits der Familientherapie. Systemische Konzepte in der Sozialen Arbeit. Freiburg im Br. (Lambertus).

Pfütze, H. (1999): Form, Ursprung und Gegenwart der Kunst. Frankfurt a. M. (Suhrkamp).

Rauschenbach, T. (1994): Inszenierte Solidarität: Soziale Arbeit in der Risikogesellschaft. In: U. Beck u. E. Beck-Gernsheim (Hrsg.): Riskante Freiheiten. Individualisierung in modernen Gesellschaften. Frankfurt a. M. (Suhrkamp), S. 89–111.

Rauschenbach, T. (1999): Das sozialpädagogische Jahrhundert. Analysen zur Entwicklung Sozialer Arbeit in der Moderne. Weinheim/München (Juventa).

Ritscher, W. (2007): Soziale Arbeit: systemisch. Ein Konzept und seine Anwendung. Göttingen (Vandenhoeck & Ruprecht).

Ruppert, F. (2005a): Trauma, Bindung und Familienstellen. Seelische Verletzungen verstehen und heilen. Stuttgart (Pfeiffer bei Klett-Cotta).

Ruppert, F. (2005b): Die fundamentale Bedeutung der Mutter-Kind-Bindung für die seelische Gesundheit. Verfügbar unter: http://www.franz-ruppert.de/Vortrag_Idstein.pdf [27.2.2011], S. 2.

Salomon, A. (1928): Grundlegung für das Gesamtgebiet der Wohlfahrtspflege. In: W. Thole et al. (Hrsg.) (1998): KlassikerInnen der Sozialen Arbeit. Sozialpädagogische Texte aus zwei Jahrhunderten – Ein Lesebuch. Neuwied/Kriftel (Luchterhand), S. 131–145.

Scherpner, H. (1962): Theorie der Fürsorge. Göttingen (Vandenhoeck & Ruprecht).

Schlötter, P. (2005): Vertraute Sprache und ihre Entdeckung. Systemaufstellungen sind kein Zufallsprodukt – Der empirische Nachweis. Heidelberg (Carl-Auer), 2. Aufl.

Schmidt, S. J. (2003): Geschichten & Diskurse. Abschied vom Konstruktivismus. Reinbek bei Hamburg (Rowohlt).

Schuldt, C. (2004): Der Code des Herzens. Liebe und Sex in den Zeiten maximaler Möglichkeiten. Frankfurt a. M. (Eichborn).

Sellmaier, C. (2006): Systemische Implikationen zum Menschen und seiner Position in der Sozialen Arbeit. In: W. Hosemann (Hrsg.): Potentiale und Grenzen systemischer Sozialarbeit. Freiburg im Br. (Lambertus), S. 161–176.

Sheldrake, R. (2003): Der siebte Sinn des Menschen. Gedankenübertragung, Vorahnungen und andere unerklärliche Fähigkeiten. Frankfurt a. M. (Fischer).

Simon, Fritz B. (1993): Unterschiede, die Unterschiede machen. Klinische Epistemologie. Grundlagen einer systemischen Psychiatrie und Psychosomatik. Frankfurt a. M. (Suhrkamp).

Simon, F. B. (1995): Die andere Seite der Gesundheit. Ansätze einer systemischen Krankheits- und Therapietheorie. Heidelberg (Carl-Auer), 2. Aufl. 2001.

Simon, F. B. et. al. (1999): Die Sprache der Familientherapie. Ein Vokabular. Stuttgart (Klett-Cotta).

Sparrer, I. (2002): Vom Familien-Stellen zur Organisationsaufstellung. Zur Anwendung Systemischer Strukturaufstellungen im Organisationsbereich. In: G. Weber (Hrsg.): Praxis der Organisationsaufstellungen. Grundlagen, Prinzipien, Anwendungsbereiche. Heidelberg (Carl-Auer), S. 91–126.

Sparrer, I. (2004): Wunder, Lösung und System. Lösungsfokussierte Systemische Strukturaufstellungen für Therapie und Organisationsberatung. Heidelberg (Carl-Auer), 5., überarb. Aufl. 2009.

Sparrer, I. (2006): Systemische Strukturaufstellungen. Theorie und Praxis. Heidelberg (Carl-Auer), 2., überarb. Aufl. 2009.

Sparrer, I. (2007): Einführung in Lösungsfokussierung und Systemische Strukturaufstellungen. Heidelberg (Carl-Auer), 2. Aufl. 2010.

Spencer-Brown, G. (1997): Laws of Form. Gesetze der Form. Lübeck (Bohmeier).

Thiersch, H. (1992): Das sozialpädagogische Jahrhundert. In: T. Rauschenbach u. H. Gängler (Hrsg.): Soziale Arbeit und Erziehung in der Risikogesellschaft. Neuwied/Kriftel/Berlin (Luchterhand), S. 9–23.

Thiersch, H. (1993): Strukturierte Offenheit. Zur Methodenfrage einer lebensweltorientierten Sozialen Arbeit. In: T. Rauschenbach et al. (Hrsg.): Der sozialpädagogische Blick. Lebensweltorientierte Methoden in der Sozialen Arbeit. Weinheim/München (Juventa), S. 11–28.

Ulsamer, B. (2001): Das Handwerk des Familien-Stellens. Eine Einführung in die Praxis der systemischen Hellinger-Therapie. München (Goldmann).

Varga von Kibéd, M. u. I. Sparrer (2009): Ganz im Gegenteil. Tetralemmaarbeit und andere Grundformen Systemischer Strukturaufstellungen – für Querdenker und solche, die es werden wollen. Heidelberg (Carl-Auer), 6., überarb. Aufl.

Wagner, G. (1993): Gesellschaftstheorie als politische Theologie? Zur Kritik und Überwindung der Theorien normativer Integration. Berlin (Duncker & Humblot).

Wagner, G. (1999): Herausforderung Vielfalt. Plädoyer für eine kosmopolitische Soziologie. Konstanz (Universitätsverlag).

Watzlawick, P. (1976): Wie wirklich ist die Wirklichkeit? Wahn – Täuschung –Verstehen. München (Piper).

Watzlawick, P. (1977): Die Möglichkeit des Andersseins. Zur Technik der therapeutischen Kommunikation. Bern (Huber).

Watzlawick, P. et al. (1969): Menschliche Kommunikation. Formen, Störungen, Paradoxien. Bern (Huber).

Weber, G. (Hrsg.) (1993): Zweierlei Glück. Die systemische Psychotherapie Bert Hellingers. Heidelberg (Carl-Auer), 16. Aufl. 2010 [ab der 15 Aufl. mit dem Untertitel: Das Familienstellen Bert Hellingers].

Weber, G. (Hrsg.) (2000): Praxis des Familienstellens. Beiträge zu Systemischen Lösungen nach Bert Hellinger. Heidelberg (Carl-Auer).

Weber, G. (Hrsg.) (2002): Praxis der Organisationsaufstellungen. Grundlagen, Prinzipien, Anwendungsbereiche. Heidelberg (Carl-Auer).

Weber, G. u. F. Hillebrandt (1999): Soziale Hilfe – Ein Teilsystem der Gesellschaft? Wissenssoziologische und systemtheoretische Überlegungen. Opladen (Westdeutscher Verlag).

Weber, G., G. Schmidt u. F. B. Simon (2005): Aufstellungsarbeit revisited ... nach Hellinger? (Mit einem Metakommentar von M. Varga von Kibéd.) Heidelberg (Carl-Auer).

Welsch, W. (1987): Unsere postmoderne Moderne. Berlin (Akademie).

Welsch, W. (1990): Identität im Übergang. Philosophische Überlegungen zur aktuellen Affinität von Kunst, Psychiatrie und Gesellschaft. In: W. Welsch : Ästhetisches Denken. Stuttgart (Reclam), S. 168–200.

Welsch, W. (1996): Vernunft. Die zeitgenössische Vernunftkritik und das Konzept der transversalen Vernunft. Frankfurt a. M. (Suhrkamp).

Wendt, W. R. (o. J.): Transdisziplinarität und ihre Bedeutung für die Wissenschaft der Sozialen Arbeit. (Unveröffentl. Manuskript.)

Wendt, W. R. u. P. Löcherbach (Hrsg.) (2006): Case Management in der Entwicklung – Stand und Perspektiven in der Praxis. München (Economica).

Wirth, J. V. (2005): Helfen in der Moderne und Postmoderne. Fragmente einer Topographie des Helfens. Heidelberg (Carl-Auer).

Wolf, K. (2005): Bedeutung pädagogischer Gestaltung gelingenden Aufwachsens. *Gilde Soziale Arbeit Rundbrief* 1: 7–16.

Wolff, R. (1997): Kinderschutz auf dem Prüfstand. Überlegungen zur Notwendigkeit von Qualitätssicherung. (*Sternschnuppe* 5. Forum Kindheit und Gesellschaft.) Mainz (Kinderschutzzentrum)

Zima, P (1997): Moderne/Postmoderne. Tübingen/Basel (Francke).

Über den Autor

Heiko Kleve, Prof. Dr., Sozialarbeiter/Sozialpädagoge und Soziologe sowie systemischer Berater (DGSF), Supervisor (DGSv)/systemischer Supervisor (SG), Konflikt-Mediator und Case Manager/Case Management-Ausbilder (DGCC). Professor für soziologische und sozialpsychologische Grundlagen sowie Fachwissenschaft Sozialer Arbeit an der Fachhochschule Potsdam. Aktuelle Schwerpunkte in Lehre und Forschung: systemisch-konstruktivistisch und postmodern orientierte Theorien und Methoden Sozialer Arbeit. Autor mehrerer Fachbücher und zahlreicher Artikel, u. a. *Systemisches Case Management. Falleinschätzung und Hilfeplanung in der Sozialen Arbeit* (3., überarb. Aufl. 2011).

http://sozialwesen.fh-potsdam.de/heikokleve.html